JN056577

読めないと恥ずかしい

# 小中学校で習った漢字

漢字力研究会 編

彩図社

# はじめに

パソコンやスマートフォンは、現代を生きるわたしたちにとって、もはや生活に欠かせないものとなりつつあります。文字を手書きする機会が減っている一方、変換機能を使うことで難しい漢字でも簡単に書き表せるようになりました。

そんな中で現代の日本人に、より必要とされるのは、漢字を「書く力」よりも「読む力」ではないでしょうか。

一見簡単に見える漢字でも、うっかり読み間違えてしまうことは往々にしてあります。そうした漢字ほど、知っておかないと恥ずかしい思いをしかねません。

本書で扱う漢字はすべて常用漢字です。常用漢字とは、国によって定められた、日常生活で使う目安となる漢字のことです。文化庁の調査によれば、社会で使われる漢字のうち96％以上が常用漢字だといいます。

とはいえ、それらをカンペキに使いこなせる人は、きっとそう多くないでしょう。

「人前で読み間違いをして、恥ずかしい思いをしてしまった」
「なぜか変換できないと思ったら、漢字の読みを間違って覚えていた」
こうした経験のある方も少なくないと思います。

本書では、大人として間違えたくない、常識として知っておきたい漢字の読み問題を出題します。問題の真裏に答えを載せ、少し難しそうな言葉には、答えの横に意味の解説をつけました。

難易度順に6章に分類しましたが、まずは第一章から実力を試してみましょう。

「今さら小中学生レベルの漢字クイズなんて……」とあなどってはいけません。習ったはずの漢字でも、意外ときちんと読めないものです。

ぜひ、初心に立ち戻って挑んでみてください。最後まで解き終わるころには、迷わず漢字を正しく読み、正しく使うための力が身についているはずです。

漢字力研究会

# 目次

読めないと恥ずかしい
小中学校で習った漢字

※本書では、語を構成する漢字がすべて小中学校で学習する範囲であることを出題の条件としています。なお、語の読みに関してはその限りではなく、学習範囲外の読みも含まれています。

# 第一章

これが読めないと恥ずかしい！

# 基礎編

この章では、即答できないと恥ずかしいレベルのやさしい問題を集めました。
小学校で習った漢字から始まり、だんだんと難しくなっていく作りになっています。
なお、答えは問題の真裏に載せています。
どこまで間違えずに解けるか試してみましょう。

## ▼ 小学校で習った漢字①

難易度：★☆☆☆☆

天女

万物

重複

小児

「しょうじ」以外で

発足

歩合

一切

「ひときれ」以外で

父兄

内耳

**重複**
ちょうふく
近年は「じゅうふく」も認められつつある。

**万物**
ばんぶつ
ありとあらゆるもの。

**天女**
てんにょ
天上界に住む女性。

**歩合**
ぶあい
①比率。割合。②売上高などに応じた手数料・報酬。

**発足**
ほっそく
組織が新たに設けられ、活動を始めること。

**小児**
しょうに
子ども。

**内耳**
ないじ
耳のもっとも奥の部分。

**父兄**
ふけい
①父と兄。②学校で、児童や生徒の保護者。

**一切**
いっさい

## ▼ 小学校で習った漢字②

難易度：★☆☆☆☆

| | | |
|---|---|---|
| 大字<br>「だいじ」「だいのじ」以外で | 体裁 | 子弟 |
| 所望 | 面目<br>「めんもく」以外で | 童歌<br>「どうか」以外で |
| 仁王 | 賞与 | 宮司 |

**大字**
おおあざ
市町村内の行政区画の一つ。

**体裁**
ていさい
①外から見た物の見え方。②世間から見た自分の姿。世間体。

**子弟**
してい
①子や弟。②年少者。

**所望**
しょもう
ほしいと望むこと。

**面目**
めんぼく
世間に対する立場。

**童歌**
わらべうた

**仁王**
におう
寺の門の左右に安置される2体の守護神像。

**貸与**
たいよ
金や物を貸し与えること。

**宮司**
ぐうじ
「みやづかさ」とも。神職をまとめる神社の代表者。

## ▼ 小学校で習った漢字③

難易度：★☆☆☆☆

反物
たんもの
①大人用和服を1着分仕立てるのに必要な布。②和服用の織物。

今昔
こんじゃく

行水
ぎょうずい
たらいに入れた湯や水で体を洗うこと。

早急
さっきゅう
「そうきゅう」も許容。

図示
ずし
図に書いて示すこと。

義妹
ぎまい
義理の妹。

石高
こくだか
土地の生産能力を米の量におきかえて表したもの。

矢面
やおもて
質問や非難を真っ向から受ける立場。

境内
けいだい
（神社や寺院の）敷地内。

## ▼ 小学校で習った漢字④

難易度：★☆☆☆☆

退役
「たいやく」以外で

明星

声色
「せいしょく」以外で

読本
「よみほん」以外で

出納

性分

生一本

知己

灰白色

**声色**
こわいろ
声の音色。

**明星**
みょうじょう
「あかぼし」とも。明るく輝く星。特に、金星。

**退役**
たいえき
軍人が軍の仕事をやめること。

**性分**
しょうぶん
生まれつきの性質。

**出納**
すいとう
金銭や物品を出し入れすること。

**読本**
とくほん
①戦前日本の国語教科書。②解説書。入門書。

**灰白色**
かいはくしょく
灰色がかった白色。

**知己**
ちき
①自分をよく理解してくれている人。②知り合い。知人。

**生一本**
きいっぽん
①まじりけがないこと。②純粋にまっすぐ物事に打ち込むこと。

## ▼ 小学校で習った漢字⑤

難易度：★☆☆☆☆

金輪際

出生率

野放図

不得手

茶飯事

一段落

出初式

古文書

出不精

野放図
のほうず
①態度がずうずうしいこと。②しまりがないこと。

出生率
しゅっしょうりつ
人口に対する、一定期間の出生数の割合。

金輪際
こんりんざい
断じて。絶対に。

一段落
いちだんらく
一つの区切り。「ひとだんらく」は本来の読みではない。

茶飯事
さはんじ
ごくありふれた日常のこと。

不得手
ふえて
得意でないこと。

出不精
でぶしょう
外出を面倒くさがって家にいたがること。

古文書
こもんじょ
（史料となる）過去の文書。

出初式
でぞめしき
新年に初めて消防団員が行う演習。

## ▼ 小学校で習った漢字⑥

難易度：★☆☆☆☆

軽やか

集う

手向ける

究める

割く

行き交う

女々しい

後れる

来す

手向ける
たむける
①神仏や死者の霊に供え物をする。②旅立つ人に言葉を贈る。

集う
つどう

軽やか
かろやか
動きが軽く、気持ちのよいさま。

行き交う
ゆきかう
「いきかう」とも。行き来する。

割く
さく
①切って割る。②一部を他のものにあてる。割り当てる。

究める
きわめる
深く研究して明らかにする。

来す
きたす
ある好ましくない状態を生じさせる。「支障を―」

後れる
おくれる
①取り残される。②先立たれる。

女々しい
めめしい

## ▼ 小学校で習った漢字⑦

難易度：★☆☆☆☆

承る

著す

強いる

干る

調う

図る

専ら

和やか

危ぶむ

強いる
しいる
無理にやらせる。

著す
あらわす
書物を書いて世に出す。

承る
うけたまわる

図る
はかる
物事をくわだてる。

調う
ととのう
①必要なものがそろう。②話し合いがまとまる。

干る
ひる
自然に水分がなくなってかわく。

危ぶむ
あやぶむ
あぶないと思う。不安に思う。

和やか
なごやか

専ら
もっぱら

## ▼ 中学一年生レベルの熟語①

難易度：★☆☆☆☆

| | | |
|---|---|---|
| 皆無 | 因縁 | 光沢 |
| 代替 | 隣国 | 趣旨 |
| 彼岸 | 曇天 | 需給 |

皆無
かいむ
まったくないこと。

因縁
いんねん
①前世から定まった運命。②過去からの関係。

光沢
こうたく

代替
だいたい
他のもので代わりとすること。

隣国
りんごく
「りんこく」とも読むが、こちらが一般的。

趣旨
しゅし
①行動する目的や考え。②述べようとしている事柄。

彼岸
ひがん
①悟りの境地。あの世。②春分・秋分と、その前後3日間。

曇天
どんてん

需給
じゅきゅう
需要と供給。

## ▼ 中学一年生レベルの熟語②

難易度：★☆☆☆☆

| | | |
|---|---|---|
| 海浜 | 不朽 | 舞踊 |
| 鋭敏 | 傾倒 | 線描 |
| 旬刊 | 若輩 | 含蓄 |

海浜
かいひん
浜辺。海のほとり。

不朽
ふきゅう
いつまでも価値が失われずに残ること。

舞踊
ぶよう

鋭敏
えいびん
感覚がするどいこと。

傾倒
けいとう
興味を持って夢中になること。

線描
せんびょう
線だけで絵をかくこと。

旬刊
じゅんかん
10日ごとに刊行すること。

若輩
じゃくはい
若くて未熟なこと。また、自分をへりくだって言う言葉。

含蓄
がんちく
深い意味を含んでいるさま。

## ▼ 中学一年生レベルの熟語③

難易度：★☆☆☆☆

| | | |
|---|---|---|
| 賦与 | 重畳 | 祈念 |
| 寸暇 | 桜桃 | 湖沼 |
| 強肩 | 踏襲 | 深奥 |

賦与
ふよ
分け与えること。

重畳
ちょうじょう
幾重にも重なること。

祈念
きねん
願いが叶うように祈ること。

寸暇
すんか
少しのひま。

桜桃
おうとう
「さくらんぼ」とも。

湖沼
こしょう
みずうみとぬま。

強肩
きょうけん
野球などで投げる力がすぐれていること。

踏襲
とうしゅう
それまでのやり方を、そのまま受け継ぐこと。

深奥
しんおう
（芸術などが）奥深くて計り知れないさま。

## ▼ 中学一年生レベルの熟語④

難易度：★☆☆☆☆

| | | |
|---|---|---|
| 水稲 | 繁茂 | 雌雄 |
| 行脚 | 解脱 | 敷設 |
| 舌鼓 | 軒端 | 帰依 |

第一章 基礎編
第二章 初級編
第三章 中級編
第四章 上級編
第五章 応用編
第六章 挑戦編

**水稲**
すいとう
水田で栽培するイネ。畑で作るイネは「陸稲（りくとう）」。

**繁茂**
はんも
草木がよく茂っていること。

**雌雄**
しゆう
①メスとオス。②優劣。勝敗。

**行脚**
あんぎゃ
①僧侶が諸国をめぐって修行すること。②徒歩で旅行すること。

**解脱**
げだつ
俗世間の迷いや苦しみから抜け出し、自由になること。

**敷設**
ふせつ
（鉄道や水道などを）広い範囲に設けること。

**舌鼓**
したつづみ
おいしいものを食べたときに鳴らす舌の音。

**軒端**
のきば
屋根の張り出した部分の先端。

**帰依**
きえ
神仏を信じ、よりどころとすること。

## ▼ 知らないと恥ずかしい特別な読み①

難易度：★☆☆☆☆

為替

海原

五月雨
「さつきあめ」以外で

老舗
「ろうほ」以外で

乳母
「にゅうぼ」以外で

竹刀
「ちくとう」「たけがたな」以外で

固唾

若人

足袋

五月雨
さみだれ
陰暦5月ごろの長雨。梅雨(つゆ)。

海原
うなばら
広々とした海。

為替
かわせ
現金を直接使わず、手形や小切手などで支払いをすること。

竹刀
しない
剣道で用いる竹製の刀。

乳母
うば
「めのと」「おんば」などとも。母親に代わって乳児を育てる女性。

老舗
しにせ

足袋
たび
和装で足にはく衣類の一種。

若人
わこうど

固唾
かたず
緊張しているときに口にたまるつば。「―をのむ」

## ▼ 知らないと恥ずかしい特別な読み②

難易度：★☆☆☆☆

太刀

早乙女

木綿

「きわた」以外で

意気地

「いきじ」以外で

叔父

「しゅくふ」以外で

時雨

「じう」以外で

草履

雪崩

行方

「いきかた」「ゆきかた」以外で

**木綿**
もめん
「ゆう」と読めば、楮（こうぞ）を原料にした糸や布。

**早乙女**
さおとめ
田植えに従事する女性。

**太刀**
たち
長い刃を持つ日本刀の一種。

**時雨**
しぐれ
秋の終わりから冬の初めにかけて降るにわか雨。

**叔父**
おじ
父母の弟。（父母の兄は「伯父（おじ）」）

**意気地**
いくじ

**行方**
ゆくえ
①向かっていく先。②将来。

**雪崩**
なだれ

**草履**
ぞうり

## ▼ 知らないと恥ずかしい特別な読み③

難易度：★☆☆☆☆

数多
「すうた」以外で

女将
「じょしょう」「にょしょう」以外で

十八番
「じゅうはちばん」以外で

欠片

海月
「かいげつ」以外で

幸先

花弁
「かべん」以外で

百足
「ひゃくそく」以外で

百合

十八番
おはこ
最も得意な芸。

女将
おかみ

数多
あまた
たくさん。多く。

幸先
さいさき
①よいことの前兆。②何かを始めるときのすべり出し。

海月
くらげ

欠片
かけら

百合
ゆり

百足
むかで

花弁
はなびら

## ▼ 知らないと恥ずかしい特別な読み④

難易度：★☆☆☆☆

| | | |
|---|---|---|
| 合羽 | 流石 | 白湯<br>「しらゆ」「はくとう」「パイタン」以外で |
| 秋刀魚 | 何卒 | 山羊 |
| 目論見 | 明明後日 | 清清しい |

白湯
さゆ
水を沸かしただけで何も入れていない湯。

流石
さすが

合羽
カッパ
衣服の上から着る雨具の一種。ポルトガル語由来。

山羊
やぎ

何卒
なにとぞ
相手への強い願いを表す言葉。どうか。どうぞ。

秋刀魚
さんま

清清しい
すがすがしい

明明後日
しあさって

目論見
もくろみ
計画。考え。

# 第二章

これくらいは読めて当たり前！

# 初級編

基礎編ではおおよそ中一レベルまででしたが、
この初級編では中二・中三レベルの漢字も扱います。
中学校の漢字テストで出題されるような
問題ばかりですから、大人なら読めて当然です。
もし読めない言葉や意味を知らない言葉があったら、
答えのページを見て覚えておきましょう。

## ▼ 中学二年生レベルの熟語①

難易度：★☆☆☆☆

| | | |
|---|---|---|
| 栄華 | 随一 | 娘婿 |
| 敢闘 | 鍛錬 | 債務 |
| 完遂 | 失墜 | 滑稽 |

栄華
えいが
富や権力によって勢いづき、栄えること。

随一
ずいいち
多くのものの中の一番。「ずいいつ」ではない。

娘婿
むすめむこ
娘の夫。

敢闘
かんとう
勇ましく戦うこと。

鍛錬
たんれん
厳しい訓練によって心身や技能をきたえること。

債務
さいむ
金銭などを払う義務。借金を返す義務。

完遂
かんすい
最後までやりとげること。「かんつい」ではない。

失墜
しっつい
地位や名誉を失うこと。

滑稽
こっけい
おもしろく、おかしいこと。

## ▼ 中学二年生レベルの熟語②

難易度：★★☆☆☆

| 陳腐 | 慰霊 | 凝縮 |
| --- | --- | --- |
| 鎮魂 | 定礎 | 企図 |
| 擁立 | 既知 | 塗布 |

陳腐
ちんぷ
ありふれていて、つまらないこと。

慰霊
いれい
死者の霊をなぐさめること。

凝縮
ぎょうしゅく
①ある一点に集中させること。②気体が液体になる現象。凝結。

鎮魂
ちんこん
「たましずめ」とも。死者の霊を落ち着かせ、しずめること。

定礎
ていそ
建物の工事を始めること。

企図
きと
くわだてること。

擁立
ようりつ
人を援助して高い地位につかせようとすること。

既知
きち
すでに知っていること。

塗布
とふ
（薬品などを）塗ること。

## ▼ 中学二年生レベルの熟語③

難易度：★★☆☆☆

安穏

飽食

建碑

大綱

「おおづな」以外で

湿潤

水痘

虚空

転嫁

種苗

建碑
けんぴ
石碑をたてること。

飽食
ほうしょく
食べるものに困らないこと。

安穏
あんのん
おだやかで落ち着いていること。

水痘
すいとう
水ぼうそうのこと。全身に水ぶくれができ、強いかゆみを伴う。

湿潤
しつじゅん
水分が多く、しめっていること。

大綱
たいこう
根本となるもの。

種苗
しゅびょう
植物のたねとなえ。

転嫁
てんか
罪や責任を他人になすりつけること。

虚空
こくう
何もない空間。

## ▼ 中学二年生レベルの熟語④

難易度：★★☆☆☆

| | | |
|---|---|---|
| 勘当 | 抜粋 | 遵守 |
| 征伐 | 帆船 | 狩猟 |
| 緩怠 | 排斥 | 恋慕 |

勘当
かんどう
親が子との縁を切ること。

抜粋
ばっすい
書物から必要な部分を抜き出すこと。

遵守
じゅんしゅ
法律や道徳、決まりなどを守って従うこと。

征伐
せいばつ
悪者や反逆者を攻め討つこと。

帆船
はんせん
「ほぶね」とも。

狩猟
しゅりょう
野生の鳥獣を道具を用いて捕らえること。

緩怠
かんたい
なまけること。

排斥
はいせき
受け入れられないものとして、しりぞけること。

恋慕
れんぼ
異性を恋しく思うこと。

## ▼ 中学二年生レベルの熟語⑤

難易度：★★☆☆☆

| | | |
|---|---|---|
| 措置 | 忌避 | 掌握 |
| 遅滞 | 隠匿 | 惜敗 |
| 丘陵 | 叫喚 | 恥辱 |

**措置**
そち
解決のための手続き。

**忌避**
きひ
きらって避けること。

**掌握**
しょうあく
自分の思いどおりにすること。

**遅滞**
ちたい
進行がおくれること。

**隠匿**
いんとく
見つからないように隠すこと。

**惜敗**
せきはい
少しの差で負けること。

**丘陵**
きゅうりょう
なだらかな起伏や小さい山が続く地形。

**叫喚**
きょうかん
大声でわめきさけぶこと。

**恥辱**
ちじょく
恥ずかしい思いをすること。また、名誉を傷つけること。

## ▼ 中学二年生レベルの熟語⑥

難易度：★★☆☆☆

| | | |
|---|---|---|
| 官吏 | 鋳型 | 隻眼 |
| 喫緊 | 蛮勇 | 墨守 |
| 施主 | 控除 | 流刑 |

官吏
かんり
旧憲法下で任命された役人。現在では国家公務員とほぼ同義。

喫緊
きっきん
差し迫って重要なこと。

施主
せしゅ
①葬式などの費用を払う人。②建物の工事を発注する人。

鋳型
いがた
金属製品を作る際に、溶けた金属を流し込む型。

蛮勇
ばんゆう
向こう見ずで大胆な勇気。

控除
こうじょ
金額などを差し引くこと。

隻眼
せきがん
①一つの目。片目の視力を失った状態。②すぐれた見識。

墨守
ぼくしゅ
慣習などをかたく守り通すこと。

流刑
るけい
罪人を辺境や島に送る刑罰。

## ▼ 中学二年生レベルの熟語⑦

難易度：★★★☆☆

| | | |
|---|---|---|
| 諮問 | 暫時 | 赦免 |
| 疾病 | 殴打 | 嘱託 |
| 風袋（「かざぶくろ」以外で） | 出穂 | 兵糧 |

諮問
しもん
有識者や機関に問い合わせ、意見を求めること。

暫時
ざんじ
しばらくの間。

赦免
しゃめん
罪や過ちをゆるすこと。

疾病
しっぺい
病気や疾患。

殴打
おうだ
相手をなぐること。

嘱託
しょくたく
①仕事を任せること。②正式に雇用せず業務を依頼すること。

風袋
ふうたい
物の重さを量るときの、物を入れてある容器・袋・箱など。

出穂
しゅっすい
まれに「でほ」とも。イネなどの穂が出ること。

兵糧
ひょうろう
兵士が陣中で食べる食糧。

## ▼ 漢字一字の言葉

難易度：★★☆☆☆

| | | |
|---|---|---|
| 露 | 卸 | 薪 |
| 畝 | 虞 | 暦 |
| 棟 | 升 | 朕 |

露

つゆ

大気中の水蒸気が冷えてできた水滴。

卸

おろし

生産者から商品を仕入れ、小売業者に売り渡すこと。卸売り。

薪

たきぎ

燃料として用いる木材。「まき」は常用漢字表にない読み。

畝

うね

農作物を育てるために土を盛り上げた場所。

虞

おそれ

悪いことが起こりそうという心配。

暦

こよみ

時間の流れを単位で区切って数えるもの。

棟

むね

屋根の一番高いところ。また、そこに取り付ける横木。

升

ます

「枡」とも。液体や穀物などの体積を量るための、四角形の容器。

朕

ちん

皇帝や天皇の自称。

## ▼ 漢字三字の言葉①

難易度：★★☆☆☆

素封家

篤志家

愛猫家

枢軸国

回顧録

伏魔殿

未曾有

度量衡

吟醸酒

愛猫家
あいびょうか
ネコが好きな人。ネコをかわいがる人。

篤志家
とくしか
社会奉仕などを熱心に行う人。

素封家
そほうか
大金持ち。財産家。

伏魔殿
ふくまでん
①悪魔がひそむ殿堂。②ひそかに悪事が行われている場所。

回顧録
かいころく
過去の思い出などを記したもの。

枢軸国
すうじくこく
第二次大戦で連合国と対立した国。日本、ドイツ、イタリアなど。

吟醸酒
ぎんじょうしゅ
清酒の一種。60％以下まで米を削り、低温発酵させて造られる。

度量衡
どりょうこう
長さと体積と重さの基準や、それらをはかる器具。

未曽有
みぞう
今までに一度もないこと。非常に珍しいこと。

## ▼ 漢字三字の言葉②

難易度：★★☆☆☆

勧進帳

朴念仁

嫡出子

逓信省

駐屯地

恣意的

蓋然性

催涙雨

幾星霜

嫡出子
ちゃくしゅつし
婚姻関係にある夫婦の間に生まれた子ども。

朴念仁
ぼくねんじん
①無口で愛想のない人。②理解の悪い人。

勧進帳
かんじんちょう
①寺社建設の費用を集めるための帳面。②歌舞伎十八番の一つ。

恣意的
しいてき
自分勝手なさま。気ままで、論理的でないさま。

駐屯地
ちゅうとんち
陸軍や陸上自衛隊が駐在する軍事基地。

逓信省
ていしんしょう
郵便や電信などを管理した、かつての中央官庁の一つ。

幾星霜
いくせいそう
苦労を重ねた上での長い年月。

催涙雨
さいるいう
七夕（たなばた）に降る雨。

蓋然性
がいぜんせい
何かが起こる確実性の度合い。これを数値化したものが確率。

## ▼ 漢字四字の言葉

難易度：★★☆☆☆

鯨飲馬食

竜頭蛇尾

鶏口牛後

易姓革命

和洋折衷

心神耗弱

九分九厘

御名御璽

皮相浅薄

鶏口牛後
けいこうぎゅうご
大組織の下っ端よりは、小集団の長になるほうがよいということ。

竜頭蛇尾
りゅうとうだび
初めは勢いがよく、終わりのほうには勢いがなくなること。

鯨飲馬食
げいいんばしょく
大量に飲み食いすること。「牛飲馬食」も同じ意味。

心神耗弱
しんしんこうじゃく
心の正常な働きがきわめて弱まった状態。

和洋折衷
わようせっちゅう
日本風と西洋風の様式をほどよく混ぜ合わせること。

易姓革命
えきせいかくめい
徳のある者が徳の衰えた君主を倒し、新たに王朝を立てること。

皮相浅薄
ひそうせんぱく
考え方が浅はかで不十分なこと。

御名御璽
ぎょめいぎょじ
天皇の名前と、天皇の印。

九分九厘
くぶくりん
ほとんど完全に近いこと。文字通りの意味では99%。

## ▼ 送り仮名のある漢字①

難易度：★★☆☆☆

彫る
ほる
木や石などを削って形作る。

妨げる
さまたげる

潜む
ひそむ

陥る
おちいる

召す
めす
「食べる」「飲む」「着る」などの尊敬語。

拒む
こばむ

据える
すえる
①物を動かないように置く。②落ち着かせる。

繰る
くる
細長いものをたぐって巻き取る。

欺く
あざむく
うそをついて相手をだます。

## ▼ 送り仮名のある漢字②

難易度：★★☆☆☆

携える

挿す

赴く

乏しい

且つ

掲げる

戒める

冒す

駆る

赴く
おもむく
①ある場所に向かって行く。②物事がある状態に向かう。

挿す
さす
細長い物を突き入れる。

携える
たずさえる

掲げる
かかげる
①人目につくよう高いところへ上げる。②主張を示す。

且つ
かつ
同時に。一方では。

乏しい
とぼしい

駆る
かる
①追い立てる。②車や馬などを速く走らせる。

冒す
おかす
①困難を承知であえて行う。②尊厳などを傷つける。

戒める
いましめる
①間違いをしないよう注意する。②禁止する。

## ▼ 送り仮名のある漢字③

難易度：★★☆☆☆

| 賜る | 殖える | 繕う |
|---|---|---|
| 募る | 甚だ | 但し |
| 殊に | 獲る | 被る |

繕う
つくろう
①壊れた箇所を直す。②手を加えて見た目をよくする。

殖える
ふえる
（財産や動植物の）量が多くなる。

賜る
たまわる
①目上の人からもらう。②目上の人が目下の人に与える。

但し
ただし
前に述べた事柄について、条件や例外を示す言葉。しかし。

甚だ
はなはだ
非常に。たいへん。

募る
つのる
①ますます激しくなる。②広く呼びかけて集める。

被る
こうむる
恩恵や被害を受ける。「かぶる」は学校で習わない読み。

獲る
える
努力して手に入れる。「とる」は学校で習わない読み。

殊に
ことに
とりわけ。特に。

## ▼ 知っていて当たり前の特別な読み①

難易度：★☆☆☆☆

徒然
「とぜん」以外で

他人事
「たにんごと」以外で

一寸
「いっすん」以外で

永久
「えいきゅう」以外で

天晴

住処
「じゅうしょ」以外で

相応しい

容易い

微酔
「びすい」以外で

一寸
ちょっと

他人事
ひとごと

徒然
つれづれ
することがなくて退屈なこと。

住処
すみか

天晴
あっぱれ
①素晴らしいこと。②ほめるときに言う言葉。

永久
とわ
「とこしえ」とも。

微酔
ほろよい

容易い
たやすい

相応しい
ふさわしい

## ▼ 知っていて当たり前の特別な読み②

難易度：★☆☆☆☆

商人
「しょうにん」以外で

双六

団扇
「だんせん」以外で

灰汁

不束

強者
「きょうしゃ」以外で

昨夜
「さくや」以外で

可笑しい

微笑む

団扇
うちわ

双六
すごろく

商人
あきんど
「あきゅうど」とも。商売を仕事とする人。

強者
つわもの
非常に強い兵士。

不束
ふつつか
気のきかないこと。不届き。

灰汁
あく
①灰から作る上澄み液。②山菜のえぐみ。③煮汁に浮く濁り。

微笑む
ほほえむ

可笑しい
おかしい

昨夜
ゆうべ
きのうの夜。なお、「夕べ」は夕方を意味する別の言葉。

## ▼ 知っていて当たり前の特別な読み③

難易度：★☆☆☆☆

太夫
「たいふ」以外で

悪戯
「あくぎ」以外で

微風
「びふう」以外で

氷柱
「ひょうちゅう」以外で

夫婦
「ふうふ」以外で

生業
「せいぎょう」以外で

欠伸
「けんしん」以外で

陽炎
「ようえん」以外で

十六夜
「じゅうろくや」以外で

微風
そよかぜ

悪戯
いたずら

太夫
たゆう
神職や能楽師、遊女などの称号・敬称。「たいふ」がなまったもの。

生業
なりわい
生活のための職業。

夫婦
めおと

氷柱
つらら

十六夜
いざよい
陰暦16日の夜、またはその夜に出る月。

陽炎
かげろう
強い直射日光の当たる地面近くなどからゆらめきが見える現象。

欠伸
あくび

# 第三章

大人なら余裕で読めるはず！

# 中級編

この章には高等学校で習う読み方が登場しますが、
もちろん漢字はすべて小中学校レベルのものです。
いざ日常生活やニュースに登場したときに
読みや意味がわからず困らないよう、
きちんと覚えておきたいものです。
このあたりまでは確実に押さえておきましょう。

## ▼ ちょっと難しい読み方①

難易度：★★☆☆☆

未聞

格子

各

「かく」以外で

氷雨

風情

「ふうじょう」以外で

競る

宮内庁

愛想

「あいそう」以外で

老若男女

各
おのおの
「各各」とも。一つ一つ。それぞれ。

格子
こうし

未聞
みもん

競る
せる

風情
ふぜい
独特のおもむき。情緒。

氷雨
ひさめ
①あられやひょう。②みぞれ。

老若男女
ろうにゃくなんにょ

愛想
あいそ
①人当たりのよい態度。②人に対する好意。

宮内庁
くないちょう
皇室関係の事務や天皇の国事行為に関する行政機関。

## ▼ ちょっと難しい読み方②

難易度：★★☆☆☆

言質

神神しい

火照る

面構え

成就

盛者必衰

香車

相殺

「そうさつ」以外で

居候

火照る
ほてる

神神しい
こうごうしい

言質
げんち
あとで証拠になる言葉。

盛者必衰
じょうしゃひっすい
勢いがあって栄えている者でも、必ず衰えるときが来ること。

成就
じょうじゅ
願いがかなうこと。

面構え
つらがまえ

居候
いそうろう

相殺
そうさい
差し引いて損得をなくすこと。

香車
きょうしゃ
将棋のコマの一つ。前方にどこまでも進める。

## ▼ ちょっと難しい読み方③

難易度：★★★☆☆

| | | |
|---|---|---|
| 昔日 | 操 | 給仕 |
| 目深 | 礼賛 | 赤銅 |
| 法度（「ほうど」以外で） | 統べる | 沖積 |

昔日
せきじつ
過去の日々。

操
みさお
①誘惑に負けず、自分の意志を貫くこと。②女性の貞操。

給仕
きゅうじ
客の食事を世話する人。ウェイターやウェイトレスなど。

目深
まぶか
帽子などを目が隠れるくらい深くかぶっているさま。

礼賛
らいさん
立派だとほめたたえること。

赤銅
しゃくどう
銅に金や銀を混ぜた合金。

法度
はっと
①おきて。②禁じられていること。

統べる
すべる
全体を支配する。

沖積
ちゅうせき
流水で運ばれた土砂などが積み重なること。

## ▼ ちょっと難しい読み方④

難易度：★★★☆☆

納屋

遊説

好事家

政

水団

急坂

遊山

市井

酸い

**好事家**
こうずか
風変わりな物事が好きな人。

**遊説**
ゆうぜい
政治家などが、各地を演説して回ること。

**納屋**
なや
物置小屋。

**急坂**
きゅうはん
傾斜が急な坂。

**水団**
すいとん
小麦粉のだんごを入れた汁物。

**政**
まつりごと
政治。「祭り事」に由来する。

**酸い**
すい
酸味がある。すっぱい。

**市井**
しせい
人が集まる場所。「—の人(一般庶民のこと)」

**遊山**
ゆさん
①野山に遊びに行くこと。②気晴らしに外出すること。

## ▼ ちょっと難しい読み方⑤

難易度：★★★★☆



緑青

基

富貴

従容

黒白

「くろしろ」「こくはく」以外で

益体

大音声

祝言

「いわいごと」以外で

末子

「すえこ」以外で

富貴
ふうき
まれに「ふき」や「ふっき」とも。金持ちで身分が高いこと。

基
もとい
基礎。根本。（訂正するときの「もとい」は「元い」）

緑青
ろくしょう
銅に生じる青いさび。銅像などにみられる。

益体
やくたい
「益体もない」で、役に立たずつまらないこと。

黒白
こくびゃく
①悪と善。「―を争う」②大きくかけ離れているさま。「―の差」

従容
しょうよう
落ち着いてあわてないさま。「縦容」とも。

末子
ばっし
「まっし」とも。兄弟姉妹の中で最後に生まれた子。すえっこ。

祝言
しゅうげん
①お祝いの言葉。「ほぎごと」とも。②結婚式。「―を挙げる」

大音声
だいおんじょう
大きな声。

## ▼ 伝統文化に関する言葉①

難易度：★★★☆☆

常世

権化

供物

功徳

「こうとく」以外で

神道

修験道

建立

「けんりつ」以外で

非業

「ひぎょう」以外で

上人

「じょうにん」以外で

供物
くもつ
神仏に供えるもの。

権化
ごんげ
仏教で、仏などが人々を救うために変身した仮の姿。

常世
とこよ
死者が行く永遠の世界。「―の国」

修験道
しゅげんどう
日本古来の山岳信仰に密教などが結びついて成立した宗教。

神道
しんとう
まれに「しんどう」とも。日本国有の民族宗教。

功徳
くどく
①よい行い。②神仏からのめぐみ。

上人
しょうにん
すぐれた僧侶への敬称。

非業
ひごう
仏教で、前世の行いの結果によらないこと。思いがけないこと。

建立
こんりゅう
寺院や塔などを建築すること。

## ▼ 伝統文化に関する言葉②

難易度：★★★☆☆

清浄
「せいじょう」以外で

節会

末期の水

勤行

回向

庫裏

開眼
「かいがん」以外で

衆生

久遠
「きゅうえん」以外で

末期の水
まつごのみず
亡くなった人の口に水を含ませる儀式。死に水。

節会
せちえ
季節の変わり目などに、天皇のもとで行われた宴会。

清浄
しょうじょう
けがれがなく、清らかなさま。

庫裏
くり
寺院における台所。

回向
えこう
死者の成仏を願って供養すること。

勤行
ごんぎょう
①仏道修行すること。②仏前で時間を定めて行うおつとめ。

久遠
くおん
時が限りなく長いこと。現在から見て遠い過去や遠い未来。

衆生
しゅじょう
人間をはじめとする、ありとあらゆる生命。

開眼
かいげん
①真理をさとること。②新しい仏像や仏画に目を入れること。

## ▼ 伝統文化に関する特別な読み①

難易度：★★☆☆☆

祝詞
「しゅくし」以外で

数寄屋

神楽

師走

達磨

黄泉
「こうせん」以外で

読経

海女

手水舎

神楽
かぐら
神をまつるために演じられる芸能。

黄泉
よみ
日本神話における死者の世界。

手水舎
ちょうずや
「てみずしゃ」などとも。神社で参拝者が手や口を清める場所。

数寄屋
すきや
茶の湯のための建物。茶室。また、茶室風につくられた建物。

達磨
ダルマ
中国禅宗の祖。また、その姿にまねた張り子の人形。

海女
あま
海に潜って漁をする女性。男性の場合は「海人」「海士」とも。

祝詞
のりと
神道において、神に対して唱える言葉。

師走
しわす
陰暦12月の呼び名。

読経
どきょう
「どっきょう」などとも。声に出して経典を読むこと。

## ▼ 伝統文化に関する特別な読み②

難易度：★★★☆☆

伝馬船

山車
「さんしゃ」以外で

稚児

築山

神酒
「しんしゅ」以外で

海神
「かいじん」以外で

直会

注連縄

女形
「おんながた」以外で

稚児
ちご
着飾って祭礼に出る子ども。「ややこ」と読むと赤ん坊のこと。

山車
だし
祭りで使われる、飾りがついた巨大な台車。

伝馬船
てんません
「てんまぶね」とも。人や荷物を運ぶ小舟。

海神
わたつみ
「わだつみ」とも。海を支配する神。

神酒
みき
「みわ」とも。神に供える酒。

築山
つきやま
庭園などで人工的に作られた山。

女形
おやま
歌舞伎で女性役を演じる男性役者。

注連縄
しめなわ
「七五三縄」とも。神道で、神域を区切るための縄。

直会
なおらい
神事が終わってから、供えた物を飲食する行事。

## ▼ 伝統文化に関する特別な読み③

難易度：★★★★☆

三行半

三和土

角力

「かくりょく」以外で

丁稚

算盤

「さんばん」以外で

現世

「げんせ」「げんせい」以外で

長刀

「ちょうとう」「ながかたな」以外で

長押

雪洞

「せつどう」「せっとう」以外で

角力
すもう
「相撲」とも。

三和土
たたき
土に石灰のにがりを混ぜ、叩き固めたもの。土間や玄関の床。

三行半
みくだりはん
江戸時代、離婚に際して夫が妻に渡す離縁状。

現世
うつしよ
現在の世。この世。

算盤
そろばん

丁稚
でっち
江戸時代に職人や商家の家に奉公し、雑用などを行った少年。

雪洞
ぼんぼり
ろうそく立てに紙などの覆いを張った小さい行灯(あんどん)。

長押
なげし
和風建築で、柱と柱の間に取り付ける横木。

長刀
なぎなた
「薙刀」とも。長い柄の先に刃をつけた武器。

## ▼ 伝統文化に関する特別な読み④

難易度：★★★★☆

不知火

朝臣
「ちょうしん」以外で

舎人
「しゃじん」以外で

手弱女

益荒男

不如帰
「ふじょき」以外で

刀背打ち

行幸
「ぎょうこう」以外で

琴柱

舎人
とねり
古代日本で、皇族や貴族に仕え、雑事にあたった下級役人。

朝臣
あそん
「あそみ」などとも。古代日本で有力者に与えられた称号の一つ。

不知火
しらぬい
夜間に海上の漁火（いさりび）が無数に明滅する現象。

不如帰
ほととぎす
「子規」などとも。カッコウ科の鳥。

益荒男
ますらお
「丈夫」とも。立派で強い男。

手弱女
たおやめ
か弱い女性。「益荒男（ますらお）」の対義語。

琴柱
ことじ
琴の胴の上に立てて弦を支え、音の高さを調節する器具。

行幸
みゆき
天皇の外出、お出まし。

刀背打ち
みねうち
「むねうち」とも。刀の背で相手を叩くこと。

## ▼ 知っておきたい特別な読み①

難易度：★★★☆☆

幼気

猛者

母屋

似非

許婚

「きょこん」以外で

曽孫

「そうそん」以外で

旋毛

「せんもう」以外で

刺青

「しせい」以外で

悪阻

「おそ」以外で

**母屋**
**おもや**
主人が住む建物。「もや」と読むと、寝殿造りの建物の中心部分。

**猛者**
**もさ**
古くは「もうざ」とも。力のすぐれている人。

**幼気**
**いたいけ**
幼くていじらしいさま。

**曽孫**
**ひまご**
「ひいまご」とも。孫の子。

**許婚**
**いいなずけ**
「許嫁」とも。幼少期に双方の両親が婚約を結んでおくこと。

**似非**
**えせ**
（名詞について）にせものの。似て非なる。

**悪阻**
**つわり**
妊娠初期に起こる体の不調。

**刺青**
**いれずみ**

**旋毛**
**つむじ**

## ▼ 知っておきたい特別な読み②

難易度：★★★☆☆

幾許

怖気

細雪

武士
「ぶし」以外で

案山子

素面
「すめん」以外で

基督

当所
「とうしょ」以外で

反吐

細雪
ささめゆき
こまかい雪。まばらに降る雪。

怖気
おじけ

幾許
いくばく
「そこばく」などとも。①どれほど。②ある程度。若干。

素面
しらふ

案山子
かかし

武士
もののふ
戦場で戦う人。「武士（ぶし）」「武者」「侍」とほぼ同じ意味。

反吐
へど
吐き出したもの。「反吐が出る」で、非常に不愉快になること。

当所
あてど
めあて。心当たり。「─もない」

基督
キリスト

## ▼ 知っておきたい特別な読み③

難易度：★★★☆☆

方舟

然様

気質
「きしつ」以外で

時化

復習う

玄孫
「げんそん」以外で

仲人
「ちゅうにん」「なかびと」以外で

反故

河岸
「かがん」「かわぎし」以外で

**気質**
かたぎ
その身分や職業に特有の性格。

**然様**
さよう
そのよう。そのとおり。

**方舟**
はこぶね
四角い形の船。「ノアの—(旧約聖書に登場する船)」

**玄孫**
やしゃご
孫の孫。

**復習う**
さらう
教えられたことを繰り返し練習する。おさらいする。

**時化**
しけ
強風などで海が荒れること。

**河岸**
かし
船から荷物を上げ下ろしする場所。

**反故**
ほご
不要になった紙。「反故にする」で、物事を無駄にすること。

**仲人**
なこうど
結婚の仲立ちをする人。

## ▼ 知っておきたい特別な読み④

難易度：★★★☆☆

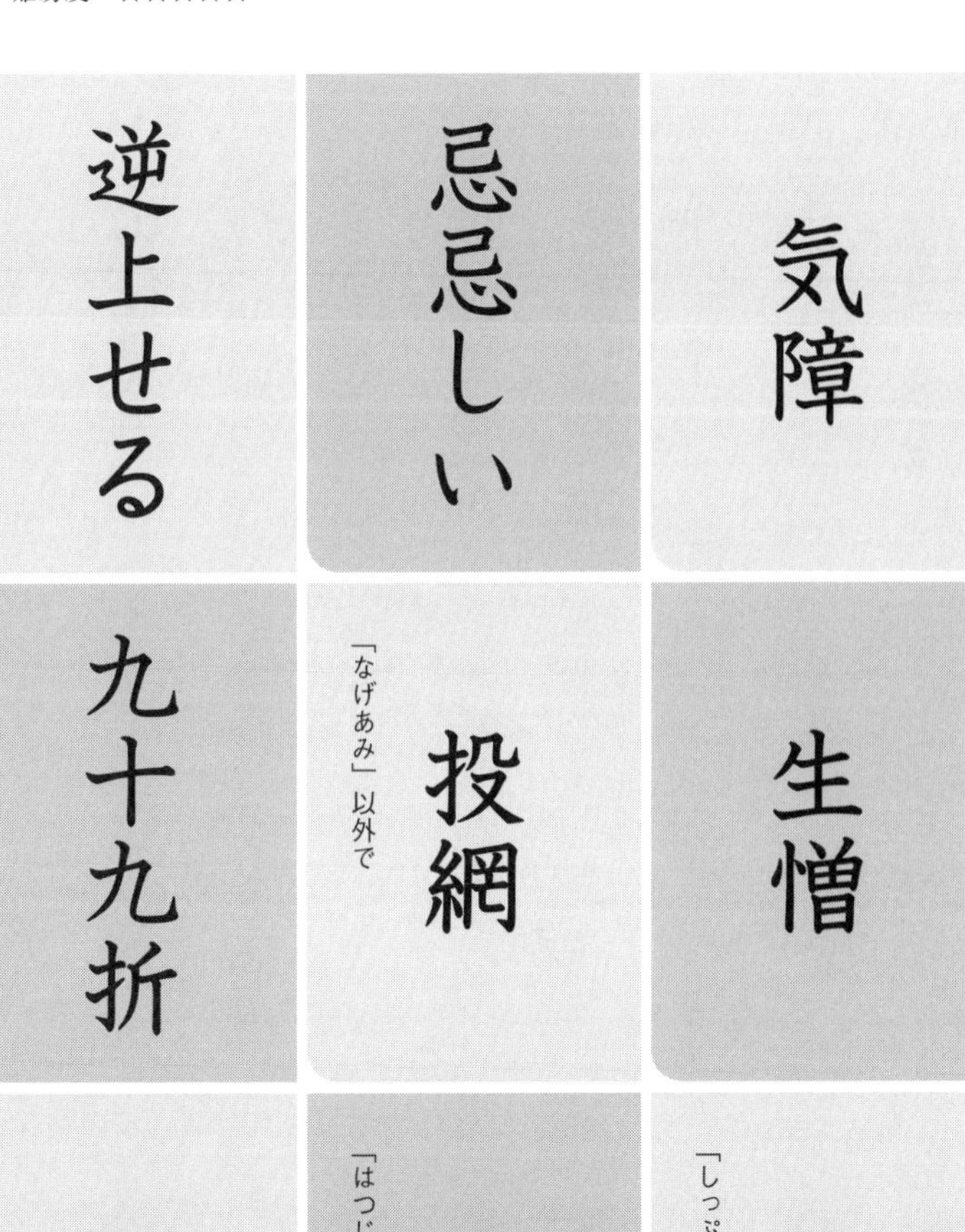

気障

忌忌しい

逆上せる

生憎

投網

「なげあみ」以外で

九十九折

疾風

「しっぷう」以外で

発条

「はつじょう」以外で

桟敷

逆上せる
のぼせる
①血が頭へのぼってぼうっとする。②逆上する。③うぬぼれる。

忌忌しい
ゆゆしい
重大である。「いまいましい」と読めば、非常に腹立たしいさま。

気障
きざ
気取っていていやな感じであるさま。

九十九折
つづらおり
幾重にも折れ曲がっている坂道。

投網
とあみ
魚のいる水面に投げて広げ、かぶせて引き上げる漁具。

生憎
あいにく

桟敷
さじき
一段高くもうけた仮設の見物席。

発条
ばね

疾風
はやて
勢いよく吹く風。

## ▼ 知っておきたい特別な読み⑤

難易度：★★★☆☆

微温湯

「びおんとう」以外で

自棄

「じき」以外で

居士

刷毛

夜半

「やはん」以外で

所以

狭間

孤児

「こじ」以外で

束子

居士
こじ
①在家の男性仏教信者。②成人男性の戒名につける号の一つ。

自棄
やけ
思い通りにならず、投げやりになること。

微温湯
ぬるまゆ

所以
ゆえん
理由。わけ。

夜半
よわ
夜中。夜ふけ。

刷毛
はけ
「刷子」とも。液体を塗ったり、ちりを払ったりするのに使う道具。

束子
たわし

孤児
みなしご
両親を失った子ども。

狭間
はざま
「さま」と読むと、矢や鉄砲を用いるための、城などにある小窓。

## ▼ 知っておきたい特別な読み⑥

難易度：★★★☆☆

東雲

黒子
「こくし」「くろこ」以外で

微睡む

平伏す

果敢無い

蚊帳
「かちょう」「ぶんちょう」以外で

弥立つ

白粉
「はくふん」以外で

両刃
「りょうば」以外で

微睡む
まどろむ
少しの間うとうとする。

黒子
ほくろ

東雲
しののめ
夜明け。わずかに東の空が明るくなってきたころ。

蚊帳
かや
害虫から守るための網。

果敢無い
はかない
「果無い」「儚い」とも。あっけないさま。頼りにならないさま。

平伏す
ひれふす

両刃
もろは
両側に刃があること。

白粉
おしろい
顔などの化粧に用いる白い粉。

弥立つ
よだつ
「いよだつ」とも。「身の毛が弥立つ」で、寒さや恐怖でぞっとする。

## ▼ 知っておきたい特別な読み⑦

難易度：★★★☆☆

出会す

初心
「しょしん」以外で

小火
「しょうか」以外で

焦臭い
「こげくさい」以外で

浮腫む

強請る

羽撃く

鶏冠
「けいかん」以外で

松明
「しょうめい」以外で

第一章 基礎編
第二章 初級編
第三章 中級編
第四章 上級編
第五章 応用編
第六章 挑戦編

小火
ぼや
小さな火事。

初心
うぶ
世間ずれしておらず、ういういしいこと。

出会す
でくわす
ばったりと出会う。

強請る
ねだる
「ゆする」「たかる」「もがる」と読むと、おどして金品を出させる。

浮腫む
むくむ
体に余分な水気がたまって、広い範囲ではれてふくらむ。

焦臭い
きなくさい
①こげたにおいがする。②危険なことが起こりそうな気がする。

松明
たいまつ

鶏冠
とさか
「けいとう」と読むと、ヒユ科の植物の名前。

羽撃く
はばたく
「はたたく」とも。

## ▼ 送り仮名のある漢字①

難易度：★★★☆☆

倣う

憩う

懇ろ

阻む

僅か

匂う

仰せ

酌む

傍ら

**懇ろ**
ねんごろ
①親密であるさま。②丁寧であるさま。

**憩う**
いこう
ゆったりとくつろぐ。

**倣う**
ならう
例をまねて、そのとおりにする。

**匂う**
におう
①（よい）においを感じる。②花などが鮮やかに色づく。

**僅か**
わずか

**阻む**
はばむ
進むものを防ぎ止める。邪魔をする。

**傍ら**
かたわら

**酌む**
くむ
①（特に酒を）器にそそぐ。②人の気持ちをおしはかる。

**仰せ**
おおせ
目上の人からのいいつけ。

## ▼ 送り仮名のある漢字②

難易度：★★★☆☆

| | | |
|---|---|---|
| 唆す | 謡う | 恚う |
| 翻す | 乞う | 悼む |
| 培う | 剝ぐ | 瞬く |

唆す
そそのかす
相手がよくない行動をするように仕向ける。

謡う
うたう
（特に能楽で）節をつけてうたう。

患う
わずらう
病気になる。

翻す
ひるがえす

乞う
こう

悼む
いたむ
死をなげき悲しむ。

培う
つちかう
（力などを）養い育てる。

剝ぐ
はぐ

瞬く
またたく
まばたきをする。

## ▼ 送り仮名のある漢字③

難易度：★★★☆☆

| | | |
|---|---|---|
| 葬る | 貪る | 嘲る |
| 遡る | 罵る | 覆る |
| 奉る | 契る | 滴る |

葬る
ほうむる
①死体や遺骨を土に埋める。②存在を知られないよう隠す。

貪る
むさぼる
やたらに欲しがる。

嘲る
あざける
ばかにして笑う。

遡る
さかのぼる

罵る
ののしる
ひどく悪口を言う。

覆る
くつがえる

奉る
たてまつる
差し上げる。献上する。

契る
ちぎる
固く約束する。

滴る
したたる

## ▼ 送り仮名のある漢字④

難易度：★★★☆☆

| | | |
|---|---|---|
| 戯れる | 綻びる | 腫れる |
| 麗しい | 卑しい | 萎える |
| 虐げる | 芳しい | 秀でる |

腫れる
はれる

綻びる
ほころびる
①縫い目の糸がほどける。②花が少し開く。

戯れる
たわむれる
「じゃれる」とも。ふざけて遊ぶ。

萎える
なえる

卑しい
いやしい

麗しい
うるわしい
美しく見事である。

秀でる
ひいでる
他よりもすぐれている。

芳しい
かんばしい
香りがよい。「芳しくない」で、好ましくないさま。

虐げる
しいたげる
むごい扱いをする。いじめる。

## ▼ 送り仮名のある漢字⑤

難易度：★★★☆☆

鑑みる

脅かす

窮まる

慈しむ

汚れる

「よごれる」以外で

恭しい

畏れる

愁える

矯める

窮まる

きわまる

①限界に達する。②どうにもならず困り果てる。

脅かす

おびやかす

鑑みる

かんがみる

他の事例に照らし合わせて考える。

恭しい

うやうやしい

丁寧で礼儀正しいさま。

汚れる

けがれる

（精神的に）清らかでなくなる。

慈しむ

いつくしむ

かわいがって大事にする。

矯める

ためる

①曲げ伸ばしして形を整える。②悪いところを正す。

愁える

うれえる

畏れる

おそれる

近寄りがたく思って敬う。

# 第四章

できる大人にとっては常識!

# 上級編

いよいよ後半戦、上級編に差しかかり、
出題する漢字のレベルもより上がってきます。
耳慣れない言葉もあると思いますが、
社会人としてはぜひ覚えておきたいものばかりです。
このあたりを確実に読めるようになり、
かつ自分の言葉として使えるようになれば、
きっと「できる大人」に一歩近づけるでしょう。

## ▼ 中学三年生レベルの熟語①

難易度：★★★☆☆

| | | |
|---|---|---|
| 肉汁 | 妥協 | 融通 |
| 予鈴 | 便箋 | 宣誓 |
| 厳粛 | 賭博 | 管轄 |

肉汁
にくじゅう
近年は「にくじる」も認められつつあるが、こちらが一般的。

妥協
だきょう

融通
ゆうずう
①とどこおりなく通じること。②金銭をやりくりすること。

予鈴
よれい
時刻が迫ったことを知らせるために、前もって鳴らすベル。

便箋
びんせん

宣誓
せんせい

厳粛
げんしゅく
真剣で厳しいさま。

賭博
とばく
金品をかけて勝負すること。

管轄
かんかつ

## ▼ 中学三年生レベルの熟語②

難易度：★★★☆☆

首肯
しゅこう
うなずくこと。納得すること。

漆器
しっき

喝采
かっさい
声を出してしきりに褒めること。

窮迫
きゅうはく
追い詰められてどうにもならなくなること。

比喩
ひゆ
何かを説明するときに、他のものにたとえること。

奨励
しょうれい
よいこととして、人にすすめること。

亀裂
きれつ
（カメの甲羅の模様のような形の）ひび割れ。

懐柔
かいじゅう
うまく扱って従わせること。

急騰
きゅうとう
物価や相場などが急にあがること。

## ▼ 中学三年生レベルの熟語③

難易度：★★★☆☆

伴侶
はんりょ
行動をともにする人。特に、結婚した相手。

巧拙
こうせつ
上手なことと、下手なこと。

迎賓
げいひん
客をもてなすこと。

褐色
かっしょく
黒みがかった茶色。

怪傑
かいけつ
並はずれた力を持つ不思議な人。

老翁
ろうおう
年老いた男性。

弾劾
だんがい
罪や不正を明らかにし、責任を問うこと。

猶予
ゆうよ
実行の時期を先送りにすること。

逝去
せいきょ
亡くなること。

## ▼ 中学三年生レベルの熟語④

難易度：★★★☆☆

| | | |
|---|---|---|
| 境涯 | 遮蔽 | 検疫 |
| 狙撃 | 慶弔 | 頒布 |
| 象牙 | 放逐 | 大尉 |

境涯
きょうがい
人がおかれている立場。身の上。

遮蔽
しゃへい
覆ったり隠したりして、人の目や光線などからさえぎること。

検疫
けんえき
伝染病を防ぐため、必要な検査や処置を行うこと。

狙撃
そげき
目標をねらって撃つこと。

慶弔
けいちょう
結婚・出産などのお祝い事と、葬式などの不幸。

頒布
はんぷ
配って行きわたらせること。

象牙
ぞうげ
象のきば。

放逐
ほうちく
追い払うこと。

大尉
たいい
軍人の階級の一つ。少佐または上級大尉の下、中尉の上。

## ▼ 中学三年生レベルの熟語⑤

難易度：★★★★☆

| | | |
|---|---|---|
| 断崖 | 汎用 | 煎薬 |
| 析出 | 充塡 | 尼僧 |
| 褒賞 | 堪忍 | 親睦 |

第一章 基礎編
第二章 初級編
第三章 中級編
第四章 上級編
第五章 応用編
第六章 挑戦編

断崖
だんがい
垂直に切り立ったがけ。「──絶壁」

汎用
はんよう
いろいろな方面に広く用いること。

煎薬
せんやく
煮出して飲む漢方薬。

析出
せきしゅつ
液体から固体が分離して出てくること。

充填
じゅうてん
物をつめて埋めること。

尼僧
にそう
出家して仏道に入った女性。尼（あま）。

褒賞
ほうしょう
ほめたたえること。また、そのしるしの金品。

堪忍
かんにん
①じっと我慢すること。②怒りを抑えて許すこと。

親睦
しんぼく
互いに仲良くすること。

## ▼ 中学三年生レベルの熟語⑥

難易度：★★★★☆

| | | |
|---|---|---|
| 勾配 | 堆肥 | 塑像 |
| 凡例 | 巣窟 | 瓦解 |
| 造詣 | 訃報 | 枯渇 |

勾配
こうばい
水平な面に対する傾きの度合い。

堆肥
たいひ
有機物を微生物の力で分解・発酵させた、土壌改良用の資材。

塑像
そぞう
粘土や石膏などでつくった像。

凡例
はんれい
書物のはじめにある、編集方針や使い方についての説明。

巣窟
そうくつ
（特に悪人の）すみか。

瓦解
がかい
一部の乱れや破損が全体に広がり、全体が壊れること。

造詣
ぞうけい
「造詣が深い」で、ある分野における知識がすぐれていること。

訃報
ふほう
死亡のしらせ。

枯渇
こかつ
①水がなくなること。②物が尽きてなくなること。

## ▼ 中学三年生レベルの熟語⑦

難易度：★★★★☆

| | | |
|---|---|---|
| 肥沃 | 貞淑 | 虜囚 |
| 傘寿 | 煮沸 | 冥利 |
| 謄本 | 出奔 | 籠絡 |

肥沃
ひよく
土地がよく肥えていること。

貞淑
ていしゅく
女性が慎み深く上品なさま。

虜囚
りょしゅう
とらわれた人。捕虜。

傘寿
さんじゅ
80歳のお祝い。「傘」の略字「仐」が八十に見えることから。

煮沸
しゃふつ
水などを煮立たせること。

冥利
みょうり
①神仏の恩恵。②ある立場にいて受ける恩恵。「—に尽きる」

謄本
とうほん
原本の内容すべてを写したもの。（部分のみ写したものは「抄本」）

出奔
しゅっぽん
逃げて行方をくらますこと。

籠絡
ろうらく
他人をうまく丸めこんで操ること。

## ▼ 中学三年生レベルの熟語⑧

難易度：★★★★☆

| | | |
|---|---|---|
| 拝謁 | 毀誉 | 丙種 |
| 釣果 | 返戻 | 繭糸 |
| 貼付 | 軍靴 | 門扉 |

**拝謁**
はいえつ
身分の高い人と面会すること。

**毀誉**
きよ
けなすことと、ほめること。

**丙種**
へいしゅ
甲種・乙種に次ぐ3番目。

**釣果**
ちょうか
釣れたえものの量。

**返戻**
へんれい
返してもどすこと。

**繭糸**
けんし
まゆと糸。まゆからとった糸。

**貼付**
ちょうふ
「てんぷ」も許容。はりつけること。

**軍靴**
ぐんか
軍隊用の靴。たとえで、戦争が始まる気配。

**門扉**
もんぴ
門のとびら。

## ▼ 知っていると差がつく特別な読み①

難易度：★★★★☆

雲脂
「うんし」以外で

静寂
「せいじゃく」以外で

一昨昨日
「いっさくさくじつ」以外で

南風
「なんぷう」「みなみかぜ」以外で

科白
「かはく」以外で

醜男

東風
「とうふう」「とんぷう」「ひがしかぜ」以外で

虚言
「きょげん」「こごん」以外で

経緯
「けいい」以外で

一昨昨日
さきおととい
おとといの前の日。3日前。

静寂
しじま
静かで物音一つしないこと。

雲脂
ふけ
頭の皮膚に生じる、うろこ状の白い老廃物。

醜男
ぶおとこ
「しこお」とも。容姿のみにくい男性。

科白
せりふ
「台詞」とも。劇中で俳優が言う言葉。

南風
はえ
「まぜ」とも。南から吹く風。

経緯
いきさつ
いろいろな事情。ことの成り行き。

虚言
そらごと
うそ。いつわり。

東風
こち
「あゆ」とも。東から吹く風。

## ▼ 知っていると差がつく特別な読み②

難易度：★★★★☆

終夜
「しゅうや」以外で

血塗ろ

手練
「しゅれん」「てれん」以外で

抽斗

転寝
「ころびね」以外で

真砂

美人局

胸座

今際

**終夜**
**よもすがら**
一晩中。夜通し。

**血塗ろ**
**ちみどろ**
血にまみれているさま。

**手練**
**てだれ**
腕前がすぐれていること。

**抽斗**
**ひきだし**
机やタンスに取り付けられた、抜き差しできる収納のための箱。

**転寝**
**うたたね**
その場で思わず眠ること。「ごろね」と読めば、横になること。

**真砂**
**まさご**
古くは「まなご」とも。細かい砂。

**美人局**
**つつもたせ**
妻が他の男性に接近し、夫がおどして金銭を要求する詐欺行為。

**胸座**
**むなぐら**
衣服の胸の部分。

**今際**
**いまわ**
死にぎわ。臨終。「—の際（きわ）」

## ▼ カタカナ語①

難易度：★★★☆☆

洋墨

熊猫

麦酒
「ばくしゅ」以外で

極光
「きょっこう」以外で

搾菜

仙人掌
「せんにんしょう」以外で

洋琴
「ようきん」以外で

手風琴
「てふうきん」以外で

自鳴琴
「じめいきん」以外で

麦酒
ビール

熊猫
パンダ

洋墨
インク
「インキ」とも。

仙人掌
サボテン

搾菜
ザーサイ
現地での発音は「ジャーツァイ」。中国特産の漬物。

極光
オーロラ

自鳴琴
オルゴール

手風琴
アコーディオン
じゃばらを伸び縮みさせながら鍵盤を操作して演奏する楽器。

洋琴
ピアノ

## ▼ カタカナ語②

難易度：★★★☆☆

混合酒
「こんごうしゅ」以外で

金字塔
「きんじとう」以外で

鉄葉

黒死病
「こくしびょう」以外で

紅玉
「こうぎょく」以外で

金剛石
「こんごうせき」以外で

避球
「ひきゅう」以外で

煙管
「えんかん」以外で

洋灯
「ようとう」以外で

鉄葉
ブリキ
「鉽」「鉽力」とも。錫（すず）でめっきした薄い鉄板。

金字塔
ピラミッド
エジプトなどにある建造物。「金」の字の形に似ていることから。

混合酒
カクテル

金剛石
ダイヤモンド

紅玉
ルビー

黒死病
ペスト
ペスト菌による全身性の感染症。中世ヨーロッパで流行した。

洋灯
ランプ

煙管
キセル
刻みタバコを吸う道具。

避球
ドッジボール
球技の一種。「ドッジ」は英語で「さっと避ける」の意味。

## ▼ 生き物の名前

難易度：★★★★☆

天牛
「てんぎゅう」以外で

紙魚

土竜
「どりゅう」以外で

水馬
「すいば」以外で

軍鶏
「ぐんけい」以外で

百舌

年魚
「ねんぎょ」以外で

守宮
「しゅきゅう」以外で

十姉妹
「じゅうしまい」以外で

土竜
もぐら

紙魚
しみ
昆虫の一種。暗い場所を好み、紙を食べる。

天牛
かみきりむし
昆虫の一種。強い大あごを持ち、キーキーと鳴く。

百舌
もず
モズ科の鳥。獲物を枝に突き刺す「はやにえ」の習性がある。

軍鶏
しゃも
ニワトリの品種の一つ。タイの旧名「シャム」に由来する。

水馬
あめんぼ

十姉妹
じゅうしまつ
カエデチョウ科の小鳥。

守宮
やもり

年魚
あゆ

## ▼ 海の生き物の名前

難易度：★★★★☆

海豚

河豚

水雲
「すいうん」以外で

章魚

海星

公魚

翻車魚

柳葉魚

大口魚
「たいこうぎょ」以外で

水雲
もずく
モズク科の海藻。酢などで和えて食べる。

河豚
ふぐ
山口県周辺では「ふく」とも。

海豚
いるか

公魚
わかさぎ

海星
ひとで

章魚
たこ
「蛸」とも。

大口魚
たら

柳葉魚
シシャモ
海水魚。アイヌ語で「柳の葉」という意味の「スサム」に由来。

翻車魚
まんぼう

## ▼ 食べ物・飲み物の名前

難易度：★★★★☆

濁酒
「だくしゅ」「にごりざけ」以外で

火酒
「かしゅ」「ひざけ」「ひのさけ」以外で

無花果
「むかか」以外で

小女子

心太
「こころぶと」以外で

索麺

摘入

沈菜

雲丹

無花果
いちじく

火酒
ウォッカ
ロシアや東欧で飲まれる蒸留酒の一種。

濁酒
どぶろく
こしていない、白く濁った酒。

索麺
そうめん
「素麺」とも。

心太
ところてん

小女子
こうなご
イカナゴの稚魚。ちりめんじゃこなどにして食べられる。

雲丹
うに
「海胆」「海栗」とも書く。「雲丹」は食品を指す。

沈菜
キムチ

摘入
つみれ

## ▼ 中学三年生レベルの熟語（歴史編）

難易度：★★★☆☆

| | | |
|---|---|---|
| 由緒 | 継嗣 | 勃発 |
| 総帥 | 遷都 | 戴冠 |
| 詔勅 | 扶桑 | 蜂起 |

由緒
ゆいしょ
物事の起こり。来歴。

継嗣
けいし
あとつぎ。相続人。

勃発
ぼっぱつ
事件などが突然に起こること。

総帥
そうすい
全軍を指揮する人。

遷都
せんと
都を他の場所へうつすこと。「平安京へ――する」

戴冠
たいかん
王が即位のしるしとして、王冠を頭にのせること。

詔勅
しょうちょく
天皇の意思を示す文書。

扶桑
ふそう
古代中国で、日本を指した言葉。伝説の巨木の名にちなむ。

蜂起
ほうき
大勢の人々が一斉に反乱を起こすこと。

## ▼ 中学三年生レベルの熟語（仕事編）

難易度：★★★★☆

法曹
ほうそう
法律にかかわる仕事をする人。裁判官、検察官、弁護士など。

進捗
しんちょく
はかどること。また、仕事の進み具合。

督促
とくそく
約束を果たすようにせかすこと。

定款
ていかん
組織の活動に関する基本的規則。

罷免
ひめん
職をやめさせること。

殉職
じゅんしょく
業務のために亡くなること。

冶金
やきん
鉱物から金属を取り出す技術。

窯業
ようぎょう
窯（かま）で粘土などを焼いて製品を作る工業。

更迭
こうてつ
人を役職からおろし、別の人を後任としてあてること。

## ▼ 中学三年生レベルの熟語（身体編）

難易度：★★★☆☆

| | | |
|---|---|---|
| 瞳孔 | 痩身 | 容貌 |
| 咽喉 | 臼歯 | 口唇 |
| 潰瘍 | 副腎 | 脊椎 |

瞳孔
どうこう
眼球の中央にある黒い部分。ここから光が入る。瞳（ひとみ）。

痩身
そうしん
やせた体。また、体をやせさせること。

容貌
ようぼう
人の顔かたち。ルックス。

咽喉
いんこう
のど。咽頭（食道の入口）と喉頭（空気の通り道）。

臼歯
きゅうし
哺乳類（ほにゅうるい）の犬歯より後方にある歯。おくば。

口唇
こうしん
くちびる。

潰瘍
かいよう
皮膚や粘膜が崩れて深い欠損を起こした状態。

副腎
ふくじん
腎臓の上にある小さな臓器。さまざまなホルモンがつくられる。

脊椎
せきつい
背骨を構成する個々の骨。

## ▼ 中学三年生レベルの熟語（感情編）

難易度：★★★★☆

| | | |
|---|---|---|
| 葛藤 | 侮蔑 | 愉悦 |
| 羨望 | 鬱屈 | 諦念 |
| 羞恥 | 寂漠 | 真摯 |

葛藤
かっとう
①いがみ合うこと。②相反する感情や欲求の中で迷うこと。

侮蔑
ぶべつ
人を見下し、ばかにすること。

愉悦
ゆえつ
心から喜び、楽しむこと。

羨望
せんぼう
うらやましく思うこと。

鬱屈
うっくつ
気分が晴れないこと。

諦念
ていねん
①真理をさとる心。②あきらめの気持ち。

羞恥
しゅうち
恥ずかしく思うこと。

寂漠
せきばく
「寂寞」とも。ひっそりとしてさびしいさま。

真摯
しんし
まじめで熱心なさま。

## ▼ 中学三年生レベルの熟語（状態編）

難易度：★★★☆☆

| | | |
|---|---|---|
| 寡黙 | 傲慢 | 崇高 |
| 戦慄 | 妖艶 | 喪心 |
| 凄絶 | 妄執 | 荘厳 |

寡黙
かもく
口数が少ないさま。

傲慢
ごうまん
思い上がって他人を見下すような態度であること。

崇高
すうこう
気高く尊いこと。

戦慄
せんりつ
恐怖のため、体がふるえること。

妖艶
ようえん
あやしいほどに、あでやかで美しいこと。

喪心
そうしん
魂が抜けたようにぼんやりとすること。

凄絶
せいぜつ
非常にすさまじいさま。

妄執
もうしゅう
一つの考えにとらわれてしまうこと。

荘厳
そうごん
落ち着いていて立派な雰囲気であること。

## ▼ 中学三年生レベルの熟語（同じ部首編）

難易度：★★★★☆

| | | |
|---|---|---|
| 説諭 | 酢酸 | 訴訟 |
| 漸減 | 憤慨 | 紛糾 |
| 払拭 | 紡織 | 賄賂 |

説諭
せつゆ
悪い行いを改めるよう言い聞かせること。

酢酸
さくさん
強い刺激臭を持つ酸の一種。食用酢の中に5％程度含まれる。

訴訟
そしょう
裁判を申し立てること。

漸減
ぜんげん
しだいに減っていくこと。

憤慨
ふんがい
ひどく腹を立てること。

紛糾
ふんきゅう
対立してもつれること。

払拭
ふっしょく
きれいに取り除くこと。ぬぐい去ること。

紡織
ぼうしょく
糸をつむぐことと、布を織ること。

賄賂
わいろ
不正な目的で贈る金品。

## ▼ 文豪も使っていた熟語①

難易度：★★★★☆

**憧憬**

…異性に対する本能から、憧憬の目的物として常に女を夢みていた。…（こころ／夏目漱石）

**氾濫**

…木蔭（こかげ）の微風（びふう）のそよぎや、氾濫のあとの泥のにおいや…（木乃伊／中島敦）

**柳眉**

…天女は飛びのき、凜（りん）として、柳眉を逆立てて、直立した。…（紫大納言／坂口安吾）

**詰問**

…「何故？」瑠璃子（るりこ）は詰問するように云（い）った。…（真珠夫人／菊池寛）

**拘泥**

…まあ、極（ご）く淡泊（さっぱり）とした、物に拘泥しない気象の女と知れた。…（破戒／島崎藤村）

**惑溺**

…腹の中ではわたくしを意気地がないように思ったり、妻に惑溺しているように思ったり…（蛇／森鷗外）

**薬餌**

…妙子（たえこ）が臥（ね）ていた十日ばかりの間の薬餌を始め…（細雪／谷崎潤一郎）

**玩弄**

…人を泣かせたり笑わせたり、人をあえだり揉（もん）だりして玩弄する。…（浮雲／二葉亭四迷）

**懸想**

…いいとしをしながらお嬢様に懸想して、うるさく縁組を申し入れ…（新釈諸国噺／太宰治）

柳眉
りゅうび
細く美しいまゆ。「柳眉を逆立てる」で、美人が怒ること。

氾濫
はんらん
川の水などが増してあふれること。

憧憬
しょうけい
「どうけい」とも。あこがれること。

惑溺
わくでき
心を奪われて本心を失うこと。

拘泥
こうでい
必要以上に気にして、こだわること。

詰問
きつもん
相手の非を責めて厳しく問いただすこと。

懸想
けそう
思いをかけること。恋をすること。

玩弄
がんろう
もてあそぶこと。見下してからかうこと。

薬餌
やくじ
薬と食事。また単に、薬。

## ▼ 文豪も使っていた熟語②

難易度：★★★★☆

…それを単なる農民の

**謀反**

とは見なせなかった。…
（夜明け前／島崎藤村）

---

…与次郎のごときは露悪党の

**領袖**

だけに、たびたびぼくに迷惑をかけて…（三四郎／夏目漱石）

---

…彼らの犯罪をその筋に告げ知らせた神谷に対する

**怨恨**

を、果たして忘れ去ることが…
（人間豹／江戸川乱歩）

---

…とてもこんなに顔のゆがんでいる僕をつかまえて

**辣腕**

をふるえる筈（はず）がない。
（田端日記／芥川龍之介）

---

…玄和という禅僧から、心身両面の

**薫陶**

を受けた。…
（雪の上の霜／山本周五郎）

---

…とんちんかんのことばかり口走り、意味なく

**叱責**

されるであろう。…
（春の盗賊／太宰治）

---

…「雪さん」と云ふフランス小説の

**梗概**

を読み…（文芸的な、余りに文芸的な／芥川龍之介）

---

…ひとりの人間の心の

**間隙**

のほうが気になるのです。…
（惜別／太宰治）

---

…そんな生意気な

**横柄**

なことをいうんだったら…
（海に生くる人々／葉山嘉樹）

怨恨
えんこん
深いうらみ。

領袖
りょうしゅう
集団の中心人物。

謀反
むほん
国家や君主に反逆すること。

叱責
しっせき
他人の失敗をしかって非難すること。

薫陶
くんとう
すぐれた人格で人を教育すること。

辣腕
らつわん
物事をてきぱきと処理する能力があること。すごうで。

横柄
おうへい
人を見下すような無礼な態度。

間隙
かんげき
物と物のあいだ。すきま。

梗概
こうがい
あらすじ。あらまし。

# 第五章

ここまでできたらカンペキ!

# 応用編

ここではより難しい読み方や、
人名・地名といった特殊な問題を用意しています。
義務教育レベルの漢字とはいえ、
なかなか一筋縄ではいかないものもあります。
この章で出題される漢字をスラスラ読めれば、
きっと周りから一目置かれる人になれるでしょう。

## ▼ 難しい訓読み①

難易度：★★★★☆

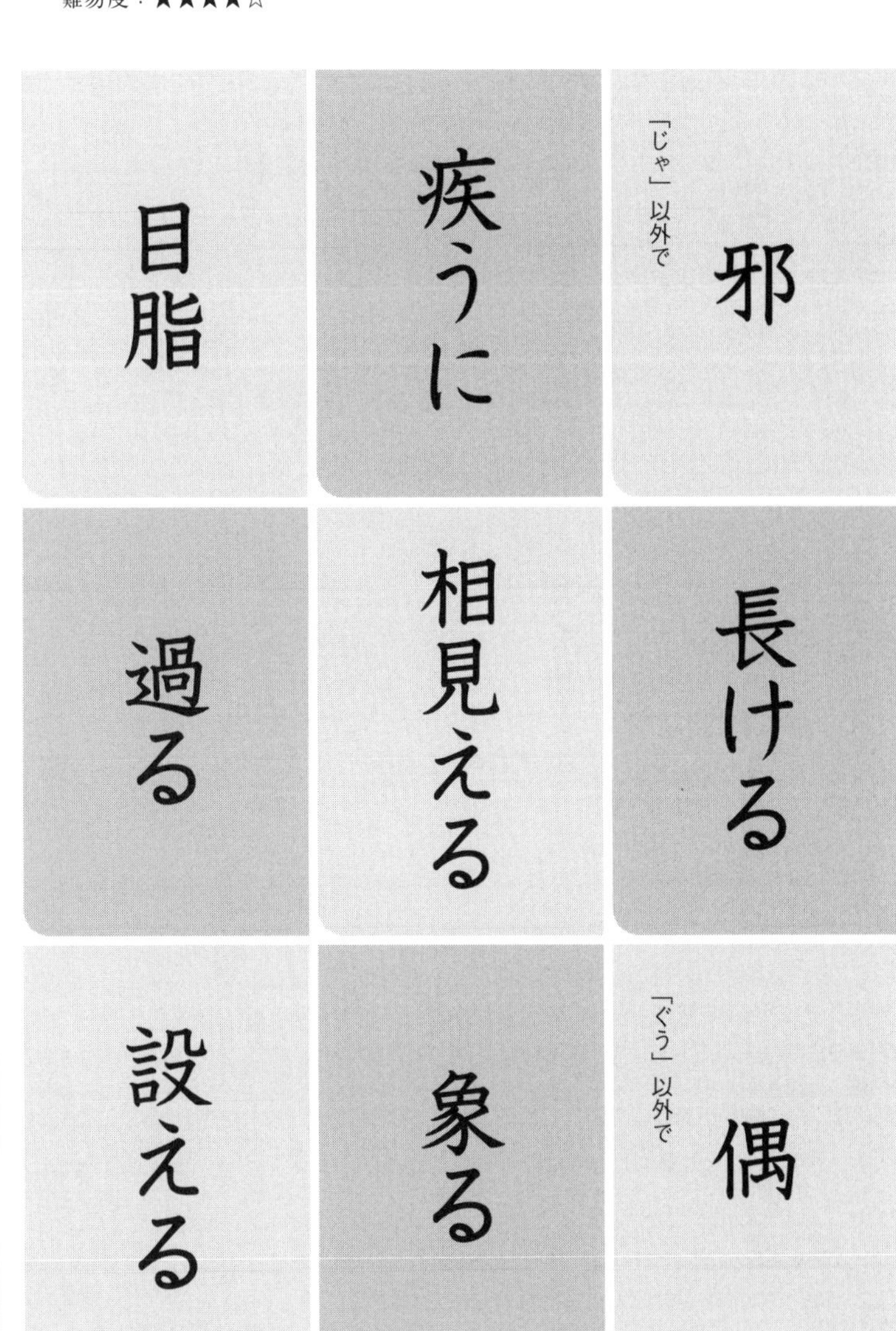

目脂
めやに

疾うに
とうに
すでに。とっくに。

邪
よこしま
正しくないこと。不道徳であること。

過る
よぎる
横切る。通りすぎる。

相見える
あいまみえる
対面する。顔を合わせる。

長ける
たける
すぐれている。得意である。

設える
しつらえる
①備えつける。②部屋などを飾り付ける。

象る
かたどる
物の形を写し取る。物の形に似せて作る。

偶
たまたま
「たま」とも。

## ▼ 難しい訓読み②

難易度：★★★★☆

衝く

強か

与する

山間
「さんかん」以外で

焦らす
「あせらす」以外で

水底
「すいてい」「みずそこ」以外で

弁える

宛ら

直向き

与する
くみする
仲間に加わる。味方になる。

強か
したたか
圧力に屈しないさま。手強いさま。

衝く
つく
弱点などを攻撃する。強く刺激する。

水底
みなそこ
湖や川などの水の底。

焦らす
じらす

山間
やまあい

直向き
ひたむき
一つのことに熱中するさま。

宛ら
さながら
よく似ているさま。まるで。

弁える
わきまえる
物事の道理などをよく心得ている。

## ▼ 難しい訓読み③

難易度：★★★★☆

労う

解す

与り知る

弓形

「きゅうけい」「ゆみがた」以外で

継母

「けいぼ」以外で

粗

「あら」以外で

逸れる

集る

鈍色

与り知る
あずかりしる
物事に関わって知っていること。

解す
ほぐす

労う
ねぎらう
相手の苦労に感謝し、いたわる。

粗
ほぼ

継母
ままはは
血のつながりのない母親。

弓形
ゆみなり
弓のように曲がった形。

鈍色
にびいろ
「にぶいろ」とも。濃い灰色。昔の喪服に用いられた。

集る
たかる
一つのところに寄り集まる。

逸れる
それる

## ▼ 難しい訓読み④

難易度：★★★★☆

鎖す

挙って

崇める

態と

深雪
「しんせつ」以外で

圧し折る

曲者
「きょくしゃ」以外で

誘う
「さそう」以外で

寛ぐ

崇める
あがめる
神仏などを尊い存在として扱う。

挙って
こぞって
一人も残らず。みんな。

鎖す
とざす
「さす」とも。

圧し折る
へしおる

深雪
みゆき
深く積もった雪。

態と
わざと

寛ぐ
くつろぐ

誘う
いざなう
（古風な言い方で）さそう。

曲者
くせもの
①怪しい人。②風変わりな人。③油断できないこと。

## ▼ 難しい訓読み⑤

難易度：★★★★★

論う
あげつらう
あれこれ論じる。とやかく言う。

侍る
はべる
身分の高い人に仕えてそばにいる。

轄まる
とりしまる
「取り締まる」に同じ。不正がないように見張る。

固より
もとより
「元より」「素より」とも。初めから。もとから。

緒
いとぐち
物事の始まり。きっかけ。

屯する
たむろする
人が一つのところに集まる。

雪ぐ
すすぐ
「そそぐ」とも。不名誉や恥を消し去る。

普く
あまねく
「遍く」とも。一般に。広く。

予て
かねて
以前から。前もって。かねがね。

## ▼ 難しい訓読み⑥

難易度：★★★★★

**仕る**
**つかまつる**
（古風な言い方で）「する」「行う」の謙譲語。

**徐に**
**おもむろに**
動作がゆっくりと落ち着いているさま。

**憾む**
**うらむ**
思い通りにならず残念に思う。

**稚い**
**いとけない**
幼くてあどけないさま。

**詰る**
**なじる**
相手の欠点を責めて問い詰める。

**縦**
**ほしいまま**
「恣」とも。思いのまま。勝手気まま。「権力を―にする」

**殺ぐ**
**そぐ**
「削ぐ」とも。①けずるように量を減らす。②勢いを弱くする。

**漫ろ**
**そぞろ**
①なんとなく。②落ち着かずそわそわするさま。「気も―」

**均す**
**ならす**
①平らにする。②平均する。

## ▼ 難しい訓読み⑦

難易度：★★★★★

**辱い**
**かたじけない**
「忝い」とも。身に余るほどありがたい。

**具に**
**つぶさに**
①詳細に。②もれなく。ことごとく。

**悪む**
**にくむ**
「憎む」とも。不快に思って嫌う。

**戦ぐ**
**そよぐ**
草や葉などが風に吹かれ、かすかに音を立てて揺れる。

**末枯れ**
**うらがれ**
「すがれ」とも。冬が近づき、草木の枝や葉の先が枯れること。

**準える**
**なぞらえる**
「准える」とも。似たものと同じように考える。

**慮る**
**おもんぱかる**
思いめぐらす。状況などをよく考える。

**項**
**うなじ**
首の後ろの部分。

**凝り**
**しこり**
①硬くなった筋肉などの塊。②事が片付いたあとの後味の悪さ。

## ▼ 難しい音読み①

難易度：★★★★☆

守株

憤怒
「ふんど」以外で

律令

還俗
「かんぞく」以外で

薬研

警策
「けいさく」以外で

介錯

入水
「にゅうすい」以外で

塩梅
「えんばい」以外で

律令
りつりょう
古代日本・中国における基本法。刑罰の規定と、行政の規定。

憤怒
ふんぬ
激しい怒り。

守株
しゅしゅ
古い習慣にこだわって、進歩のないこと。

警策
きょうさく
臨済宗では「けいさく」。座禅中の僧を戒めるための木の板。

薬研
やげん
漢方薬などの材料を粉末にするための、金属製の器具。

還俗
げんぞく
僧侶になった人が、一般人に戻ること。

塩梅
あんばい
物事の具合。

入水
じゅすい
水の中に身を投げて自殺すること。

介錯
かいしゃく
切腹する人に付き添い、首を斬って苦痛を和らげること。

## ▼ 難しい音読み②

難易度：★★★★☆

雲母

不惜身命

鶴首

「つるくび」以外で

誰何

牛車

「ぎゅうしゃ」以外で

隠密

「いんみつ」以外で

布袋

「ぬのぶくろ」以外で

運否天賦

刃傷

**鶴首**
かくしゅ
首を長くして待ちわびること。

**不惜身命**
ふしゃくしんみょう
仏道修行のために命を惜しまないこと。

**雲母**
うんも
「きら」「きらら」とも。鉱物の一種。光沢がある。

**隠密**
おんみつ
①隠れて物事を行うこと。②幕府の下でスパイ活動を行った者。

**牛車**
ぎっしゃ
牛に引かせる車。

**誰何**
すいか
何者なのかと問うこと。

**刃傷**
にんじょう
刃物で人を傷つけること。

**運否天賦**
うんぷてんぷ
①運命は天が決めるということ。②運を天に任せること。

**布袋**
ほてい
中国・唐の時代の僧侶の名前。七福神の一人。

## ▼ 難しい音読み③

難易度：★★★★☆

| | | |
|---|---|---|
| 恒河沙 | 脇息 | 脚気 |
| 斑猫 | 壊死 | 六書 |
| 扶持 | 外郎 | 陰陽師 |

恒河沙
ごうがしゃ
①数量が無限であること。②10の52乗。

脇息
きょうそく
座ったときにひじをかけてもたれるための道具。

脚気
かっけ
ビタミンB1の不足により手足のしびれなどを起こす病気。

斑猫
はんみょう
昆虫の一種。人が近づくと少し飛んで逃げる習性がある。

壊死
えし
生物の組織の一部分が死ぬこと。

六書
りくしょ
漢字の成り立ちを6種類に分類したもの。象形や形声など。

扶持
ふち
①助けること。②主君から家臣に与えられた給与。

外郎
ういろう
米粉を用いた和菓子の一種。

陰陽師
おんみょうじ
「おんようじ」とも。古代日本で占いや呪術を行った官人。

## ▼ 知っていたら一目置かれる特別な読み①

難易度：★★★★★

仮令
「けりょう」以外で

浮子
「ふし」「うきこ」以外で

若気る

長閑

冷笑う

周章てる

同胞
「どうほう」以外で

肌理
「きり」以外で

流離う

若気る
にやける
①男性が色っぽい様子をする。②（俗に）薄笑いを浮かべる。

浮子
うき
「あば」とも。釣り糸や漁網につけて水面に浮かべる目印。

仮令
たとい
「たとえ」とも読む。漢字では「縦令」とも。もし〜としても。

周章てる
あわてる
「慌てる」とも。「周章（しゅうしょう）」も、あわてるの意味。

冷笑う
せせらわらう
ばかにして笑う。

長閑
のどか
おだやかで落ち着いているさま。

流離う
さすらう
あてもなくさまよい歩く。

肌理
きめ
皮膚や物の表面の細かい模様。

同胞
はらから
①同じ父母から生まれた兄弟姉妹。②同じ国に生まれた人々。

## ▼ 知っていたら一目置かれる特別な読み②

難易度：★★★★★

就中

為体

小波
「しょうは」「こなみ」以外で

寸寸
「すんずん」以外で

木偶
「もくぐう」以外で

為人

土塊
「どかい」以外で

苦汁
「くじゅう」以外で

肉刺
「にくさし」以外で

**小波**
さざなみ
「細波」「漣」とも。細かく立つ波。

**為人**
ひととなり
生まれつきの性質や人柄。

**肉刺**
まめ
手や足にできる水ぶくれ。

**為体**
ていたらく
「体たらく」とも書く。（主に良くない意味で）人のありさま。

**木偶**
でく
①木で作った人形。②役に立たない人をののしる言葉。

**苦汁**
にがり
海水から食塩をとったあとの液。

**就中**
なかんずく
その中でも。とりわけ。

**寸寸**
ずたずた
物を細かく切り刻むさま。

**土塊**
つちくれ
土のかたまり。

## ▼ 植物の名前①

難易度：★★★★★

竜胆
「りゅうたん」以外で

木通
「もくつう」以外で

羊歯
「ようし」以外で

若布

秋桜
「あきざくら」以外で

鬼灯

忍冬
「にんどう」以外で

独活
「どっかつ」以外で

五加
「ごか」以外で

羊歯
しだ
シダ植物の総称。胞子によって繁殖する。ワラビやゼンマイなど。

木通
あけび
アケビ科のつる性植物。果肉は甘く、皮も食用にされる。

竜胆
りんどう
リンドウ科の多年草。秋に青紫色の花が咲く。

鬼灯
ほおずき
ナス科の多年草。袋状のがくが熟すとオレンジ色になる。

秋桜
コスモス
キク科の一年草。山口百恵の同名の楽曲から広まった読み。

若布
わかめ
「和布」「稚海藻」とも。

五加
うこぎ
ウコギ科の木。根皮は漢方薬として用いられる。

独活
うど
ウコギ科の多年草。山菜として食用にされる。

忍冬
すいかずら
スイカズラ科の木。花は白から黄色に色づき、蜜は吸うと甘い。

## ▼ 植物の名前②

難易度：★★★★★

万年青
「まんねんせい」以外で

万寿果
「まんじゅか」以外で

大角豆

百日紅
「ひゃくじつこう」以外で

風信子
「ふうしんし」以外で

女郎花
「じょろうか」「じょろうばな」以外で

寄生木

馬酔木
「ばすいぼく」以外で

接骨木
「せっこつぼく」以外で

大角豆
ささげ
マメ科の植物。さやは細長く、野菜として食べられる。

万寿果
パパイヤ
「蕃瓜樹」とも。果実はフルーツとして食べられる。

万年青
おもと
ユリ科の多年草。縁起の良い観葉植物として好まれる。

女郎花
おみなえし
オミナエシ科の多年草。秋の七草の一つ。

風信子
ヒヤシンス
キジカクシ科の多年草。筒状の花がふさのように集まって咲く。

百日紅
さるすべり
ミソハギ科の木。夏から秋に紅色の花が咲く。

接骨木
にわとこ
スイカズラ科の木。庭木として植えられる。

馬酔木
あせび
「あしび」とも。ツツジ科の木。有毒で、白や薄紅色の花が咲く。

寄生木
やどりぎ
他の樹木に寄生する木の一種。球状の見た目になる。

## ▼ 日本史の人名①

難易度：★★★☆☆

田沼意次
たぬま おきつぐ
江戸中期の老中。徳川家治のもとで幕政の実権を握った。

藤原不比等
ふじわらの ふひと
奈良時代の政治家。大宝律令の選定や平城京遷都に関わった。

平将門
たいらの まさかど
平安中期の武将。朝廷と対立し、関東地方一帯を支配した。

岩倉具視
いわくら ともみ
幕末・明治初期の政治家。使節団を率いて欧米を視察した。

長宗我部元親
ちょうそかべ もとちか
名字は「ちょうそがべ」とも。四国全土を統一した戦国時代の大名。

北条泰時
ほうじょう やすとき
鎌倉幕府第3代執権。御成敗式目を制定した。

鑑真
がんじん
唐から来日し、唐招提寺（とうしょうだいじ）を建立した僧。

毛利元就
もうり もとなり
戦国時代に中国地方を支配した武将。「三本の矢の教え」で有名。

陸奥宗光
むつ むねみつ
明治時代の政治家。下関条約で全権を務め、治外法権を撤廃。

## ▼ 日本史の人名②

難易度：★★★★☆

大石内蔵助

松平容保

西郷従道

西園寺公望

大伴家持

物部守屋

日本武尊

支倉常長

在原業平

西郷従道
さいごう
つぐみち
西郷隆盛（たかもり）の弟。初代海軍大臣や元帥を歴任した。

松平容保
まつだいら
かたもり
幕末の会津藩主。公武合体を推進するも、討幕軍に敗北した。

大石内蔵助
おおいし
くらのすけ
江戸前期の武士。「忠臣蔵」で有名な赤穂（あこう）浪士の長。

物部守屋
もののべの
もりや
古代の豪族。仏教を排斥し、蘇我馬子（そがの・うまこ）と対立。

大伴家持
おおともの
やかもち
奈良時代の歌人。『万葉集』を編集した一人とされる。

西園寺公望
さいおんじ
きんもち
明治～昭和前期の政治家。パリ講和会議の首席全権を務めた。

在原業平
ありわらの
なりひら
平安前期の歌人。『伊勢物語』の主人公とされる。

支倉常長
はせくら
つねなが
江戸初期の仙台藩士。慶長遣欧使節としてローマ教皇に謁見。

日本武尊
やまとたけるの
みこと
『古事記』での表記は「倭建命」。古代の伝説的英雄。

## ▼ 日本史の人名③

難易度：★★★★★

陶晴賢

足利義詮

石上宅嗣

源融

小松帯刀

役小角

太安万侶

山背大兄王

荷田春満

石上宅嗣
いそのかみのやかつぐ
奈良時代の文人。日本初の公開図書館・芸亭（うんてい）を設立。

足利義詮
あしかがよしあきら
室町幕府第2代将軍。新田義貞の鎌倉攻めに参加した。

陶晴賢
すえはるかた
戦国時代の武将。厳島（いつくしま）の戦いで毛利元就に敗れた。

役小角
えんのおづぬ
名前は「おづの」とも。修験道の祖とされる奈良時代の呪術者。

小松帯刀
こまつたてわき
幕末の薩摩藩士。西郷隆盛らとともに薩長同盟を結んだ。

源融
みなもとのとおる
平安時代の貴族。『源氏物語』の光源氏のモデルともいわれる。

荷田春満
かだのあずままろ
江戸中期の国学者。『万葉集』『古事記』『日本書紀』を研究。

山背大兄王
やましろのおおえのおう
聖徳太子の子。蘇我入鹿（そがのいるか）に攻められ自殺。

太安万侶
おおのやすまろ
奈良時代の文人。元明天皇の命で『古事記』を完成させた。

## ▼ 読み間違えやすい名字①

難易度：★★★☆☆

| | | |
|---|---|---|
| 三宅 | 狩野 | 乾 |
| 都築 | 真田 | 三枝 |
| 玉置 | 妹尾 | 日下部 |

※一般的な読み方を載せましたが、これら以外の読みが存在する場合もあります。

乾
いぬい
大阪や奈良に多い。「北西」を意味する。

狩野
かのう
「かの」「かりの」とも。群馬や宮城に多い。

三宅
みやけ
岡山に多い。

三枝
さえぐさ
「さいぐさ」「みえだ」とも。山梨に多い。

真田
さなだ
長野県上田市発祥とされる。

都築
つづき
「つつき」とも。愛知に多い。

日下部
くさかべ
千葉県香取市や、岐阜県下呂市に多い。

妹尾
せのお
「せお」とも。岡山発祥で、中国地方に多い。

玉置
たまき
「たまおき」とも。和歌山に多い。

## ▼ 読み間違えやすい名字②

難易度：★★★☆☆

| | | |
|---|---|---|
| 東海林 | 益子 | 土肥 |
| 小山内 | 矢作 | 兵頭 |
| 宗像 | 副島 | 土方 |

※一般的な読み方を載せましたが、これら以外の読みが存在する場合もあります。

土肥
どい
「どひ」とも。兵庫・東京・富山に多い。

益子
ましこ
栃木と茨城に多く、その他の地域では「ますこ」が優勢。

東海林
しょうじ
山形に多いが、県内では「とうかいりん」が優勢。

兵頭
ひょうどう
愛媛に多い。

矢作
やはぎ
埼玉・東京・山形に多い。矢を矧(は)ぐ(=作る)職業から。

小山内
おさない
青森に多い。

土方
ひじかた
東京西部に多い。

副島
そえじま
佐賀に多い。

宗像
むなかた
福岡発祥。福島に多い。

## ▼ 読み間違えやすい名字③

難易度：★★★☆☆

| | | |
|---|---|---|
| 遊佐 | 設楽 | 桜庭 |
| 木全 | 山県 | 常盤 |
| 喜屋武 | 両角 | 五月女 |

※一般的な読み方を載せましたが、これら以外の読みが存在する場合もあります。

遊佐
ゆさ
宮城に多い。

設楽
したら
「しだら」とも。埼玉・山形・群馬に多い。

桜庭
さくらば
北海道・青森・秋田に多い。

木全
きまた
愛知に多い。

山県
やまがた
旧字体の「山縣」も見られる。山口県に多い。

常盤
ときわ
神奈川に多い。

喜屋武
きゃん
沖縄特有の名字。

両角
もろずみ
長野に多い。

五月女
さおとめ
栃木に多い。

## ▼ 読み間違えやすい市町村名①

難易度：★★★★☆

| 青森 | 北海道 | 北海道 |
|---|---|---|
| 八戸 | 網走 | 長万部 |

| 茨城 | 山形 | 秋田 |
|---|---|---|
| 潮来 | 寒河江 | 男鹿 |

| 東京 | 千葉 | 栃木 |
|---|---|---|
| 福生 | 我孫子 | 真岡 |

八戸
はちのへ
青森県南東部の市。郷土料理のいちご煮やせんべい汁で有名。

網走
あばしり
北海道東部の市。網走監獄やオホーツク流氷館が観光名所。

長万部
おしゃまんべ
北海道南西部の町。駅弁の「かにめし」で有名。

潮来
いたこ
茨城県南東部の市。霞ヶ浦と北浦に面する。

寒河江
さがえ
山形県中部の市。慈恩寺や、サクランボの生産で知られる。

男鹿
おが
秋田県西部の男鹿半島にある市。なまはげの風習で有名。

福生
ふっさ
東京都西部の市。米軍の横田基地が位置する。

我孫子
あびこ
千葉県北西部の市。手賀沼に面し、宿場町として栄えた。

真岡
もおか
栃木県南東部の市。真岡木綿やイチゴが特産品。

## ▼ 読み間違えやすい市町村名②

難易度：★★★★☆

| 長野 | 山梨 | 新潟 |
|---|---|---|
| 千曲 | 忍野 | 糸魚川 |
| 滋賀 | 静岡 | 岐阜 |
| 甲賀 | 焼津 | 各務原 |
| 奈良 | 大阪 | 京都 |
| 平群 | 枚方 | 向日 |

千曲
ちくま
長野県北部の市。戸倉上山田温泉が有名。

忍野
おしの
山梨県南東部の村。名水・忍野八海で有名。

糸魚川
いといがわ
新潟県最西端の市。ヒスイの産出地として知られる。

甲賀
こうか
滋賀県最南端の市。信楽（しがらき）焼や甲賀流忍術で知られる。

焼津
やいづ
静岡県中部の市。カツオやマグロの水揚げで有名。

各務原
かかみがはら
岐阜県南部の市。「かがみはら」などの読みも存在する。

平群
へぐり
奈良県北西部の町。信貴山（しぎさん）朝護孫子寺で知られる。

枚方
ひらかた
大阪府北東部の市。遊園地「ひらかたパーク」で知られる。

向日
むこう
京都府南西部の市。長岡京跡がある。タケノコの産地。

第一章 基礎編
第二章 初級編
第三章 中級編
第四章 上級編
第五章 応用編
第六章 挑戦編

## ▼ 読み間違えやすい市町村名③

難易度：★★★★☆

| 山口 | 広島 | 鳥取 |
|---|---|---|
| 下松 | 三次 | 米子 |

| 福岡 | 高知 | 愛媛 |
|---|---|---|
| 直方 | 宿毛 | 今治 |

| 沖縄 | 鹿児島 | 大分 |
|---|---|---|
| 北谷 | 指宿 | 国東 |

下松
くだまつ
山口県南東部の市。工業が盛ん。笠戸島が有名。

三次
みよし
広島県北部の市。商工業が盛ん。鵜飼が行われる。

米子
よなご
鳥取県西部の市。皆生（かいけ）温泉で有名。

直方
のおがた
福岡県北部の市。筑豊炭田の中心都市の一つとして発展した。

宿毛
すくも
高知県南西部の市。魚介類の養殖が盛ん。

今治
いまばり
愛媛県北東部の市。タオルの生産で有名。

北谷
ちゃたん
沖縄県・沖縄本島中部の町。米軍関係施設が多く位置する。

指宿
いぶすき
鹿児島県の薩摩（さつま）半島南東部の市。温泉地として有名。

国東
くにさき
大分県北東部の国東半島にある市。大分空港が位置する。

## ▼ 世界の国名①

難易度：★★★★☆

比律賓

越南

白露西亜

象牙海岸

氷島

不丹

加納

白耳義

土耳古

白露西亜

ベラルーシ

ヨーロッパ東部の国。漢字表記のとおり別名は「白ロシア」。

越南

ベトナム

東南アジアの国。インドシナ半島に位置する。

比律賓

フィリピン

東南アジアの国。7000以上の島々からなる。

不丹

ブータン

南アジア、ヒマラヤ山脈東部にある国。

氷島

アイスランド

北大西洋に位置する島国。

象牙海岸

コートジボワール

アフリカ大陸西部の国。国名はフランス語で「象牙海岸」の意味。

土耳古

トルコ

アジアとヨーロッパにまたがる西アジアの国。

白耳義

ベルギー

ヨーロッパ北西部の国。

加納

ガーナ

アフリカ大陸西部の国。

## ▼ 世界の国名②

難易度：★★★★★

| | | |
|---|---|---|
| 秘露 | 夏麦論 | 叙利亜 |
| 克羅地亜 | 肯尼亜 | 尼日利亜 |
| 丁抹 | 諾威 | 海地 |

秘露
ペルー
南米大陸北西部の国。

夏麦論
カメルーン
アフリカ大陸中部の国。

叙利亜
シリア
地中海に面する中東の国。

克羅地亜
クロアチア
ヨーロッパ東部、バルカン半島に位置する国。

肯尼亜
ケニア
アフリカ大陸東部の国。

尼日利亜
ナイジェリア
アフリカ大陸中部の国。

丁抹
デンマーク
ヨーロッパ北部に位置する国。

諾威
ノルウェー
ヨーロッパ北部、スカンジナビア半島西部に位置する国。

海地
ハイチ
カリブ海のイスパニョーラ島西部にある国。

# 第六章

難読漢字にチャレンジ！

# 挑戦編

いよいよ最後の章です。
ここでは、日常でまず見かけない難問を揃えました。
もはや「読めないと恥ずかしい」というよりも、
むしろ「読めたらスゴすぎる」漢字です。
少しでも読めたら鼻高々に自慢できます。
ぜひ、おまけとしてお楽しみください。
漢字力アップのために挑戦してみましょう！

## ▼ 読めたらスゴすぎる訓読み①

難易度：★★★★★★

円やか

厳つい

疾しい

撮む

挿む

焼べる

徒に

吐かす

空ける

「あける」以外で

疾しい

やましい

「疚しい」とも。後ろめたい。良心がとがめる。

厳つい

いかつい

ごつごつして強そうである。

円やか

まろやか

①形に丸みのあるさま。②口当たりが柔らかいさま。

焼べる

くべる

燃やすために火の中に入れる。

挿む

はさむ

「挟む」に同じ。物と物の間に差し込む。

撮む

つまむ

指先ではさんで持つ。

空ける

うつける

「虚ける」とも。ぼんやりとして気が抜けたようになる。

吐かす

ぬかす

「言う」をののしった表現。言いやがる。「何を―か」

徒に

いたずらに

無駄に。意味もなく。

## ▼ 読めたらスゴすぎる訓読み②

難易度：★★★★★★

愛い

騒く

剰え

互に
「たがいに」以外で

訪う

倹しい

憤る
「いきどおる」以外で

開ける
「あける」「ひらける」以外で

績む

剰え
**あまつさえ**
そのうえ。それだけでなく。

騒く
**ぞめく**
浮かれてさわぎながら歩く。

愛い
**うい**
かわいい。けなげな。「—奴（やつ）め」

倹しい
**つましい**
「約しい」とも。生活がぜいたくでなく、質素である。

訪う
**おとなう**
「とう」とも。おとずれる。訪問する。

互に
**かたみに**
たがいに。かわるがわる。

績む
**うむ**
繊維をより合わせて糸をつくる。つむぐ。

開ける
**はだける**
着物の前などが乱れてひらく。

憤る
**むずかる**
子どもが機嫌を悪くして、泣いたりすねたりする。

## ▼ 読めたらスゴすぎる訓読み③

難易度：★★★★★★

検める

在す

拉げる

垂とする

亜ぐ

販ぐ

陳ねる

決れる

瞬ぐ

拉げる
ひしゃげる
押し潰されて形がゆがむ。

在す
まします
「ます」「います」とも。「ある」「いる」の尊敬語。「天に―神よ」

検める
あらためる
検査する。詳しく調べる。

販ぐ
ひさぐ
売る。商売をする。

亜ぐ
つぐ
「次ぐ」に同じ。その後に続く。

垂とする
なんなんとする
今にもそうなろうとする。「創立50年に―」

瞬ぐ
まじろぐ
まばたきをする。またたく。

決れる
しゃくれる
真ん中がくぼんで先が出る。

陳ねる
ひねる
①古くなる。②（子どもが）大人びる。

## ▼ 読めたらスゴすぎる訓読み④

難易度：★★★★★★

| | | |
|---|---|---|
| 僕<br>「ぼく」以外で | 熱<br>「ねつ」以外で | 熟 |
| 刹 | 拠 | 因<br>「ちなみ」以外で |
| 抑 | 襲<br>「おそい」以外で | 茎<br>「くき」以外で |

**僕** やつがれ

古くに使われた一人称。わたくしめ。

**熱** ほとぼり

「ほとおり」とも。冷めきらないで残った熱。

**熟** つくづく

「つらつら」とも。よくよく。じっくり。

**刹** てら

「寺」に同じ。

**拠** よりどころ

「拠り所」とも。支えとなるもの。

**因** よすが

「縁」「便」とも。心を寄せて頼りとすること。

**抑** そもそも

「抑も」「抑々」とも。

**襲** かさね

平安時代に、袍（ほう）と呼ばれる上着の下に重ねて着た衣服。

**茎** なかご

日本刀の柄（つか）に覆われた部分。刀工の名前が記される。

## ▼ 読めたらスゴすぎる特別な読み①

難易度：★★★★★★

区区
「くく」以外で

緊緊

点点
「てんてん」以外で

塩汁
「しおじる」以外で

腸線
「ちょうせん」以外で

細石

楽車

月代

白地
「はくち」「しろじ」「しらじ」以外で

**点点**
ちょぼちょぼ
ところどころに少しずつあるさま。

**緊緊**
ぴしぴし
「ひしひし」「びしびし」とも。

**区区**
まちまち
それぞれで異なっているさま。

**細石**
さざれいし
小さな石。『君が代』の歌詞にも登場する。

**腸線**
ガット
羊などの腸から作ったひも。テニスラケットの網に用いられる。

**塩汁**
しょっつる
イワシやハタハタを塩漬けにした汁からつくる調味料。

**白地**
あからさま
ありのまま。はっきり。

**月代**
さかやき
江戸時代以前の男性の髪型で、額から頭頂部までをそった部分。

**楽車**
だんじり
西日本で山車（だし）を指す呼び名。大阪・岸和田のものが有名。

## ▼ 読めたらスゴすぎる特別な読み②

難易度：★★★★★★

覆盆子

「ふくぼんし」以外で

零余子

「れいよし」以外で

五倍子

「ごばいし」以外で

番紅花

「ばんこうか」以外で

射干玉

天蚕糸

「てんさんし」以外で

翻筋斗

石決明

「せっけつめい」以外で

没分暁漢

「ぼつぶんぎょうかん」以外で

五倍子
ふし
ヌルデなどの植物にできる虫こぶ。染料や生薬に用いられる。

零余子
むかご
ヤマノイモなどに見られる、葉の付け根にできる球状の芽。

覆盆子
いちご
「苺」とも。「覆盆子」は特にキイチゴの一種を指すことがある。

天蚕糸
てぐす
ガの一種・テグスサンの幼虫からとれる糸。釣り糸に用いられた。

射干玉
ぬばたま
ヒオウギの黒い種。和歌で「黒」や「夜」などの枕詞に用いられる。

番紅花
サフラン
アヤメ科の多年草。香辛料として用いられる。

没分暁漢
わからずや
道理をわきまえない人。

石決明
あわび
「鮑」とも。ミミガイ科の貝。

翻筋斗
もんどり
空中で体を1回転させること。宙返り。「―を打つ」

## ▼読めたらスゴすぎる特別な読み（魚・虫編）

難易度：★★★★★★

竹麦魚

牛尾魚
「ぎゅうびぎょ」以外で

王余魚

氷下魚

鼓豆虫

吉丁虫
「きっちょうむし」以外で

馬大頭

馬陸

紅娘

王余魚
かれい
「鰈」とも。カレイ科の魚。刺身や煮つけなどにして食べられる。

牛尾魚
こち
「鯒」とも。コチ科の魚。平たい体を持ち、海底で生活する。

竹麦魚
ほうぼう
ホウボウ科の魚。大きな胸びれが特徴。

吉丁虫
たまむし
「玉虫」とも。タマムシ科の昆虫。羽が古くから装飾に用いられた。

鼓豆虫
みずすまし
ミズスマシ科の昆虫。川や沼に生息し、水面を泳ぐ。

氷下魚
こまい
タラ科の魚類。主に北海道で水揚げされる。

紅娘
てんとうむし
「天道虫」「瓢虫」とも。テントウムシ科の昆虫。

馬陸
やすで
倍脚類に属する、ムカデに似た節足動物。

馬大頭
おにやんま
オニヤンマ科の昆虫。日本最大のトンボ。

## ▼ 読めたらスゴすぎる特別な読み（植物編）

難易度：★★★★★★

地銭

苦参

及己

玉環菜

鼓子花
「こしか」以外で

山桜桃
「さんおうとう」以外で

接続草
「せつぞくそう」以外で

十大功労
「じゅうだいこうろう」以外で

八角金盤
「はっかくきんばん」以外で

**及己**
ふたりしずか
「二人静」とも。センリョウ科の多年草。

**苦参**
くらら
マメ科の多年草。生薬としては「くじん」と読む。

**地銭**
ぜにごけ
ゼニゴケ科のコケ植物。世界中に分布する。

**山桜桃**
ゆすらうめ
「梅桃」「英桃」などとも書く。赤い実をつけるバラ科の落葉低木。

**鼓子花**
ひるがお
「昼顔」とも。ヒルガオ科のつる性の多年草。

**玉環菜**
ちょろぎ
「ちょうろぎ」とも。シソ科の多年草。塊茎は正月料理に使われる。

**八角金盤**
やつで
「八手」とも。ウコギ科の常緑低木。

**十大功労**
ひいらぎなんてん
「柊南天」とも。メギ科の常緑低木。

**接続草**
すぎな
「杉菜」とも。トクサ科の植物。胞子茎を「土筆（つくし）」と呼ぶ。

## ▼ 読めたらスゴすぎる名字（1～2文字編）

難易度：★★★★★★



薬袋

文
「ぶん」「ふみ」以外で

目

日月
「じつげつ」以外で

明日

月出
「つきで」以外で

定標

紫合
「しごう」以外で

訓覇

※一般的な読み方を載せましたが、これら以外の読みが存在する場合もあります。

**薬袋**
みない
山梨や東京に多い。「皆井」という地名に由来するとされる。

**文**
かざり
奄美大島（あまみおおしま）に見られる一字姓の一つ。

**目**
さっか
「さがん」なども。「属（さっか）」も存在。山口や大阪に多い。

**日月**
たちもり
石川などに分布。「一日（ついたち）」と「晦日（つごもり）」に由来か。

**明日**
ぬくい
「ぬくひ」「あけひ」「みょうが」なども。山形と愛媛に多い。

**月出**
ひたち
「ひだち」なども。静岡などに分布。

**定標**
じょうぼんでん
岐阜に存在。「定標田」の田が略されたものとされる。

**紫合**
ゆうだ
近畿に分布。兵庫県川辺郡猪名川町に同名の地名が存在。

**訓覇**
くるべ
神奈川や三重に存在。三重県四日市市に存在した地名に由来。

## ▼ 読めたらスゴすぎる名字（3～4文字編）

難易度：★★★★★★

小鳥遊

寿松木

安心院

道祖土

可愛川

奉日本

上別府

「かみべっぷ」以外で

後浜門

王来王家

※一般的な読み方を載せましたが、これら以外の読みが存在する場合もあります。

**安心院**
あじみ
大分県日田市に多い。宇佐市には「あじむ」と読む地名がある。

**寿松木**
すずき
秋田県横手市に多い。「鈴木」から派生した名字。

**小鳥遊**
たかなし
和歌山に存在。小鳥が遊ぶ場所には鷹(たか)がいないことから。

**奉日本**
たかもと
大阪に存在。「日本を奉る」の意味とされるが詳細不明。

**可愛川**
えのかわ
広島に多い。同県を流れる川に由来。

**道祖土**
さいど
埼玉に多い。「道祖神(どうそじん、さえのかみ)」に由来。

**王来王家**
おくおか
三重に存在。弘文(こうぶん)天皇の子孫が由来とされる。

**後浜門**
くしはまじょう
沖縄に存在。「くし」も「じょう」も沖縄の言葉に由来。

**上別府**
うえんびゅう
鹿児島に多い。「びふ」や「かんびゅう」といった読みもある。

## ▼ 読めたらスゴすぎる名字（数字編）

難易度：★★★★★★

一口

八月一日

九石

四十八願

五十殿

五六

六十里

百鬼

十九百

※一般的な読み方を載せましたが、これら以外の読みが存在する場合もあります。

九石

さざらし

栃木県芳賀郡茂木町に九石という地名があり、同地に多い。

八月一日

ほずみ

「八月朔日」とも。この日に稲の穂を摘む神事に由来する。

一口

いもあらい

京都や熊本に分布。京都には一口という地名がある。

五六

ふのぼり

宮崎に存在。将棋の「歩が上る」ことに由来するとされる。

五十殿

おむか

「おみか」「いそどの」とも。島根県出雲市に多い。

四十八願

よいなら

栃木県佐野市に多い。仏教用語に由来。

十九百

つづお

鳥取県鳥取市に存在。「つづ」は10もしくは19を意味する古語。

百鬼

なきり

静岡県磐田市に多い。一説では「なで切り」に由来するという。

六十里

ついひじ

「むそり」とも。南関東に分布。

## ▼ 読めたらスゴすぎる地名（北海道〜東北）

難易度：★★★★★★

| | | |
|---|---|---|
| 北海道<br>馬主来 | 北海道<br>花畔 | 北海道<br>入境学 |
| 秋田<br>二十六木 | 岩手<br>夏油 | 青森<br>尻労 |
| 福島<br>日下石 | 山形<br>及位 | 宮城<br>愛子 |

馬主来
ぱしくる
北海道釧路市。アイヌ語の「パシクル（カラス）」に由来。

花畔
ばんなぐろ
北海道石狩市。アイヌ語の「パナウンクル（川下の人）」に由来。

入境学
にこまない
北海道釧路郡釧路町。周辺には難読地名が多く存在する。

二十六木
とどろき
秋田県由利本荘市。子吉川が流れ、川音のとどろく音に由来。

夏油
げとう
岩手県北上市の温泉地。秘湯として知られる。

尻労
しつかり
青森県下北郡東通村。「しっかり」とも。猿ヶ森砂丘がある。

日下石
にっけし
福島県相馬市。地元の仏師が建立した百尺観音がある。

及位
のぞき
山形県最上郡真室川町。修験道の修行に由来。

愛子
あやし
宮城県仙台市青葉区。「子愛（こあやし）観音」に由来。

## ▼ 読めたらスゴすぎる地名（関東〜中部）

難易度：★★★★★★

| 東京 | 栃木 | 茨城 |
| --- | --- | --- |
| 人里 | 汗 | 大歩 |

| 富山 | 長野 | 山梨 |
| --- | --- | --- |
| 下山 | 伺去 | 大豆生田 |

| 愛知 | 静岡 | 石川 |
| --- | --- | --- |
| 毛受 | 満水 | 主計町 |

人里
へんぼり
東京都西多摩郡檜原村。朝鮮語由来とする説がある。

汗
ふざかし
栃木県河内郡上三川町。「汗かき薬師」と「札貸し」に由来。

大歩
わご
茨城県猿島郡境町。アイヌ語由来とする説がある。

下山
にざやま
富山県下新川郡入善町。「下山芸術の森発電所美術館」がある。

伺去
しゃり
長野県長野市。西行の詠んだ和歌に由来するとされる。

大豆生田
まみょうだ
山梨県北杜市。笛吹市にも「おおまめおだ」と読む地名があった。

毛受
めんじょ
愛知県一宮市。県内には「毛受」という名字が多く存在する。

満水
たまり
静岡県掛川市。リゾート施設「つま恋」が位置する。

主計町
かずえまち
石川県金沢市。主計町茶屋街は観光名所として知られる。

## ▼ 読めたらスゴすぎる地名（近畿〜中国）

難易度：★★★★★★

| 京都 | 滋賀 | 三重 |
|---|---|---|
| 間人 | 浮気 | 雲林院 |
| **和歌山** | **奈良** | **大阪** |
| 学文路 | 外山 | 放出 |
| **山口** | **岡山** | **島根** |
| 特牛 | 日生 | 十六島 |

**間人**
たいざ
京都府京丹後市。間人（はしうど）皇后の「ご退座」が由来か。

**浮気**
ふけ
滋賀県守山市。湿地を意味する言葉に由来する。

**雲林院**
うじい
三重県津市。紅葉の名所である河内渓谷がある。

**学文路**
かむろ
和歌山県橋本市。学文路駅入場券は受験のお守りとして人気。

**外山**
とび
奈良県桜井市。桜井茶臼山古墳が位置する。

**放出**
はなてん
大阪府大阪市城東区と鶴見区にまたがる地名。

**特牛**
こっとい
山口県下関市。特牛駅は難読駅名として有名。イカが名物。

**日生**
ひなせ
岡山県備前市。名物料理の「カキオコ」で有名。

**十六島**
うっぷるい
島根県出雲市。岩のりの「十六島海苔（うっぷるいのり）」が有名。

## ▼ 読めたらスゴすぎる地名（四国〜九州）

難易度：★★★★★★

| 福岡 | 愛媛 | 徳島 |
|---|---|---|
| 上八 | 下川 | 十八女 |
| **宮崎** | **熊本** | **大分** |
| 銀鏡 | 小池 | 大石峠 |
| **沖縄** | **沖縄** | **沖縄** |
| 保栄茂 | 為又 | 勢理客 |

上八
こうじょう
福岡県宗像（むなかた）市。「上入」の誤記に由来するとされる。

下川
ひとうがわ
愛媛県西予市。遍路道の一部である歯長（はなが）峠がある。

十八女
さかり
徳島県阿南市。平家の落武者伝説に由来するとされる。

銀鏡
しろみ
宮崎県西都市。イワナガヒメをまつる銀鏡神社がある。

小池
こうじ
熊本県阿蘇市。「小池七池伝説」が残る。

大石峠
おしがとう
大分県中津市と日田市の境にある峠。

保栄茂
びん
沖縄県豊見城（とみぐすく）市。「ぼえも」が変化したものか。

為又
びいまた
沖縄県名護市。名桜大学が位置する。

勢理客
じっちゃく
沖縄県浦添市。「せりかく」あるいは「ぜりかく」が変化したもの。

問題は以上です。おつかれさまでした。
どのくらいのレベルまで読めたでしょうか？
ここまでやり切ったあなたはきっと、
自信を持って漢字を読めるようになっているでしょう。
もし再び迷うことがあったら、
この本をもう一度開いて解き直してみてください。
そうすることで、あなたの「漢字力」は
揺るぎないものになっていくはずです。

【カバー画像】
外郎：©shinichi kouroki（CC BY 2.0）
竜胆：©Alpsdake（CC BY-SA 4.0）
山車：©katorisi（CC BY-SA 3.0）
松明：©Amckeo04（CC BY-SA 4.0）
百舌：©Laitche（CC BY-SA 4.0）

# 読めないと恥ずかしい 小中学校で習った漢字

2021年11月24日第一刷

編　者　漢字力研究会

発行人　山田有司

発行所　株式会社　彩図社
東京都豊島区南大塚3-24-4
MTビル　〒170-0005
TEL：03-5985-8213　FAX：03-5985-8224

印刷所　シナノ印刷株式会社

URL　https://www.saiz.co.jp
https://twitter.com/saiz_sha


ISBN978-4-8013-0566-3 C0081
落丁・乱丁本は小社宛にお送りください。送料小社負担にて、お取り替えいたします。
定価はカバーに表示してあります。